KB042065

역사의 보물창고

백제왕도 공주

웅진백제 발굴 이야기

일러두기

본문에 인용된 《삼국사기》, 《삼국유사》 등을 비롯하여 발굴된 유물의 명문 등은 연구원에서
독자들이 이해하기 쉽도록 재번역 또는 윤문하였음을 밝힙니다. 그외의 경우는 출처를 본문에
밝히거나 참고자료를 바탕으로 새로 구성하였음을 밝힙니다.

역사의 보물창고

백제왕도 공주

웅진백제 발굴 이야기

충청남도역사문화연구원 엮음

메디치

책을 펴내며

시간의 강은 역사의 나이테를 땅에다 새겨왔다. 그런 까닭에
아무런 기록도 남지 않은 까마득한 시절의 이야기도 땅에서
그 흔적을 발견하고 더듬어볼 수 있다. 발굴이 그 역할을 했다.
때로는 기록된 역사의 빈 퍼즐 조각도 발굴을 통해 찾아내
비로소 전체 그림이 맞춰지곤 한다.

　　동서를 막론하고 세계 역사의 실상을 밝히는 데 발굴이 큰
역할을 했다. 호메로스의 서사시 《일리아드》와 《오디세이》의
진실을 밝히겠다던 하인리히 슐리만은 발굴을 통해 트로이
전쟁의 신화를 실제 역사로 복원했다. 또한 가뭄으로 타들어
가던 들판에서 우물을 파다 세상의 빛을 본 병마용은 중국을
통일한 진시황의 위용을 새삼 세상에 밝히기도 했다.

　　이처럼 발굴은 기록이 남아 있지 않은 시대의 실상을
이해하도록 돕고, 또 부족하거나 유실된 기록으로 인해 그
실상을 확인하기 어려운 역사를 온전히 파악하도록 한다. 또한
왜곡된 기록에 의해 잘못 전해졌던 역사를 바로잡는 데도 중요한
기준점이 된다.

　　일제강점기의 식민사학자들에 의해 왜곡되고 축소된
우리 역사의 실체를 바로잡는 과정에서 발굴이 큰 역할을

했다. 고대사의 사료가 많이 유실된 상태에서 그나마 의지할
수 있는 사료는 고려시대에 김부식이 쓴《삼국사기》와 일연이
쓴《삼국유사》인데, 최근까지도《삼국사기》의 초기 기록은
전설이거나 신빙성이 없는 기사로 치부되었다. 하지만 발굴을
통해서《삼국사기》의 기록이 실제로 고증되면서 고대사의
진실에 한 걸음 다가간 경우가 부지기수다.《삼국유사》역시
정사가 아니라는 점에서 사료 가치를 인정받지 못했던 것이
발굴을 통해 그 진가를 확인하게 된 경우가 적지 않다. 그런
점에서 발굴은 시간의 강을 거슬러 역사의 실체와 만날 수
있도록 하는 시간여행이라 할 수 있다.

　역사문화의 도시, 공주의 역사가 고마나루의 전설 그 한참
전부터 이어져오고 있다는 것을 밝힌 것 또한 발굴의 성과다.
특히 역사기록이 전해지지 않은 시기인 선사시대를 비롯해
삼국시대의 백제에 이르기까지 발굴로 밝혀진 공주의 역사는
유구하고도 찬란했다. 이 가운데 두 건은 한국 고고학에서 한
획을 긋는 발굴이다. 바로 석장리와 무령왕릉 발굴이 그것이다.

　먼저 석장리 구석기 유적 발굴은 한반도에 구석기 문화가
존재한다는 사실을 입증한 계기가 되었다. 그 이전까지는
식민사학의 영향에서 벗어나지 못하여 한반도에는 구석기
문화가 없다는 것이 정설이었다. 특히 1930년대 함경북도 종성
동관진에서 후기 홍적세에 속하는 동물 뼈와 함께 흑요석편이
2점 발견되었음에도 불구하고 한반도는 신석기문화부터

시작한다는 주장이 이어져왔다. 이런 왜곡된 역사의식을 바로잡는 데 석장리에서 발굴된 구석기가 결정적 역할을 했다.

또 하나, 송산리 고분군의 수로 정비 작업을 하다 우연히 발견한 무령왕릉의 발굴은 한국 고고학계의 일대 사건이라 할 만하다. 무령왕릉은 한국 고고학이 미처 체계를 갖추기 전에 만난 도굴되지 않은 완전한 상태의 고분이었다. 수많은 유물, 특히 무덤의 주인을 정확히 명시한 지석까지 출토되는 등 발굴 역사상 가장 큰 성과를 거두었지만, 한편 발굴과정의 기본도 지키지 못한 졸속 발굴이라는 오명을 함께 남기기도 했다. 그런 만큼 무령왕릉 발굴로 웅진백제의 문화와 위용을 새삼 돌아볼 수 있게 되었으며, 한국 고고학계의 발굴 지침이 새롭게 정비된 기회이기도 했다.

이 밖에도 여러 장소에서 발굴을 통해 웅진백제시대를 전후로 한 공주의 역사를 하나둘 밝혀왔다. 청동기시대부터 초기 철기시대에 걸쳐 마한 사람들이 살았던 장선리 유적과 웅진백제 이전부터 지역을 다스리던 귀족들의 무덤이 있는 수촌리 유적이 그것이다. 또한 웅진으로 천도한 이후 왕성이 자리했던 공산성의 발굴은 백제 왕성의 웅장한 자취부터 백제 패망 직전 마지막 항전의 기억까지 드러나게 함으로써 그동안 알지 못했던 백제의 여러 모습을 상상하도록 한다.

이와 더불어 웅진백제의 왕과 귀족들의 영혼의 집인 송산리 고분군과 무령왕릉은 고구려에 쫓겨 남하한 백제 왕실의 부흥

노력, 그리고 마침내 '갱위강국'의 꿈을 실현한 흔적을 고스란히 보여준다. 또한 정지산 정상의 제례시설로 보이는 유구와 대통사터 등 당시 백제인들의 사후세계와 신앙세계를 탐색하는 것도 발굴을 통해 가능하다. 물론 발굴로 확인할 수 있는 것이 완벽한 진실이라고 장담하기는 어렵지만, 얼마 남지 않은 역사기록과 더불어 우리 고대사의 진실에 다가가는 방법인 것은 분명하다.

역사의 깊이와 문화의 번영은 하루아침에 이루어지지 않는다. 공주는 오랜 시간에 걸쳐 깊이 있는 역사와 융성한 문화를 갖춘 도시가 되었고, 이는 쉬이 사라지지 않는다. 고대 백제의 중심이었던 공주가 통일신라 이후 고려와 조선을 거치는 동안에도 꾸준히 호서의 중심으로, 역사의 위기에서 나라를 다시 일으키는 교두보로 작용했던 것은 그런 점에서 우연이 아니다.

이 책은 공주에서 있었던 중요한 발굴 이야기들을 모은 것이다. 공주시와 충청남도역사문화연구원 그리고 도움을 주신 여러 연구자의 연구와 협력에 힘입어 이 책이 출간될 수 있었다. 이 자리를 빌어 특별히 감사의 인사를 전한다. 이 책을 통해서 신라의 수도 경주에 필적하는 백제와 호서의 중심도시 공주의 진면목을 새롭게 만나볼 수 있기를 바란다.

2021년 4월
공주시·충청남도역사문화연구원

차례

2장 공산성에서 다시 강국의 꿈을 꾸다

4장　웅진백제 사람들은 무엇을 믿었을까

1장
공주와 한반도의
오래된 역사를 밝히다

인간이 공들여 만든 역사는 세월의 풍파를 거치면서
삭아버리거나 이가 빠지기도 한다. 그렇게 사라진 역사는 또
예기치 않은 순간에 다시 생생히 살아나기도 한다. 발굴은 바로 그런 지워진
역사를 재생하는 가장 극적인 순간을 연출한다.

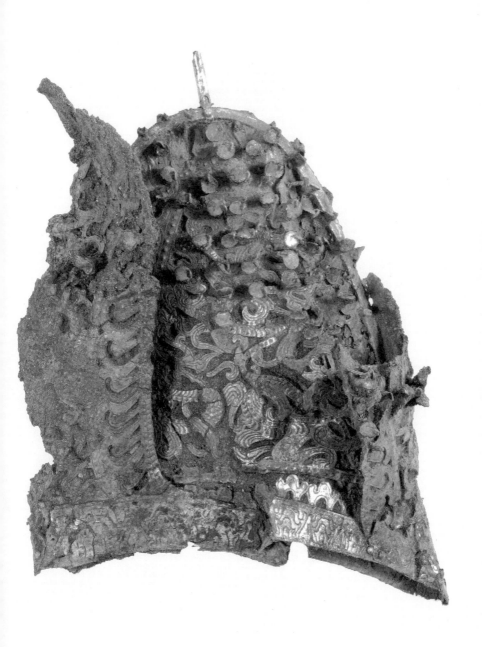

'잃어버린 역사'의 고리, 공주 석장리 유적

우연이 역사가 되다: 미국인 연구자 부부의 선물

"이것이 진짜 뗀석기라면 우리나라 역사가 수만 년 전부터
시작됐다는 확실한 증거가 되겠군."

　　1964년 늦은 봄, 손보기 교수는 거칠게 날을 세운
돌조각을 살펴보며 흥분을 감출 수 없었다. 미국인 앨버트
모어Albert Mohr와 그의 아내 샘플L.L. Sample 부부에게서 건네받은
돌조각이었다. 거칠긴 했지만 날을 세우려는 의도가 분명해
보이는 이 돌조각이 한반도의 잃어버린 역사를 되찾는 중요한
증거가 될 것만 같아서 손 교수는 마음이 가라앉질 않았다.

　　뗀석기란 까마득한 옛날 사람들이 단단한 도구를 만들기
위해 용도에 맞게 돌을 깨뜨려 만든 구석기시대의 도구다. 당시
연세대학교 사학과 교수였던 손 교수는 그간 한반도에서 지워져
있던 구석기시대 역사를 되찾을 가능성을 그 석기를 보며 찾아낸
것이다.

　　뗀석기를 제공한 모어와 샘플 일행은 당시 객원학자로

공주 석장리 전경. 석장리 유적지는 발굴조사 이후 석장리박물관과 선사공원, 석장리 구석기 유적지 등을 조성해 선사시대의 공주를 안내하고 있다. (ⓒ석장리박물관)

연세대학교에 와서 발굴조사에 참여하며 특강도 진행하고 있었다. 한국 선사시대의 유적을 조사하고 연구하려고 한국에 왔던 이 부부는 서울대학교 발굴팀과 함께 부산 동삼동 조개무지 유적을 발굴하는 등 이미 한국 고고학계에 많은 영향을 준 인물이었다. 이들이 금강변의 한 언덕에서 4점의 뗀석기와 10여 점의 석기 조각을 발견한 것은 우연치고는 너무나도 큰 행운이었다. 당시 그들이 둘러봤던 언덕은 금강 유역에 일어난 홍수 때문에 무너져 내려서 내부의 지층 단면이 완전히 드러난 상태였다.

그로부터 일주일 후인 1964년 5월, 손보기 교수는 모어·샘플 부부와 함께 공주 석장리로 답사를 다녀왔다. 자신의 두 눈으로 무너진 언덕의 지층 단면을 살펴본 손 교수는

역사의 보물창고 백제왕도 공주

곧바로 연세대학교 사학과 대학원생들과 발굴팀을 꾸렸다.
석장리야말로 한반도의 '잃어버린 수만 년'을 되찾을 절호의
기회라고 직감했기 때문이다.

한반도에는 구석기시대가 없다? 식민사관이라는 장벽

손보기 교수는 어느 때보다 의욕이 넘쳤다. 하지만 석장리
발굴은 출발부터 갖가지 장벽에 가로막혔다. 수습된 석기를
다른 학자들에게 보여줬지만, 구석기시대의 것이라고 믿는
사람이 거의 없었다. 그러다 보니 발굴팀을 꾸리는 일조차 쉽지
않았다. 결국 손보기 교수는 여기저기에서 지원자를 수소문해야
했다. 문화재관리국의 허가를 받는 일도 쉽지 않았다. 몇 번이나
실랑이와 설득을 거듭한 끝에 겨우 발굴 허가를 받아낼 수
있었다.

　왜 이런 역사적인 발굴 기회를 앞에 두고 진행에 어려움을
겪어야 했을까? 지금으로부터 50여 년 전만 해도 고고학계는
'한반도에는 구석기시대가 없다.'라는 생각에서 벗어나지
못했다. 일제강점기에 생겨난 '식민사관'이 영향을 미친
탓이다. 일제는 자신들의 역사보다 한반도의 역사가 앞선다는
사실을 인정할 수 없었다. 일제강점기 당시 일본 사학자들은
한반도 내 구석기시대 유무에 관심이 없었고, 구석기시대를
입증할 유물이 나와도 애써 무시하려 했다. 실제로 1930년대에
함경북도 종성군 동관진(현 온성군 강안리)에서 구석기시대의

흔적이 발견되었다는 보고가 있었지만, 일본 사학자들은 이런 사실을 의도적으로 무시했다. 그렇게 한반도의 장구한 역사를 없던 것으로 묻어버리고 말았다. 하지만 이보다 더 안타까운 점은 광복 이후에도 식민사관이 사라지지 않았다는 사실이다. 이런 사정 탓에 '한반도에는 구석기시대가 없다.'라는 주장이 정설처럼 받아들여졌다. 손보기 교수팀은 이처럼 학계가 반신반의하는 가운데 발굴을 시도하려 했던 것이다.

한반도 구석기 1번지, 석장리

1964년 11월, 우여곡절 끝에 손보기 교수의 발굴팀이 드디어 본격적인 발굴에 나섰다. 하지만 이후 과정도 어렵기는 마찬가지였다. 당시에는 어느 분야나 그랬다지만, 1960년대 발굴 현장의 여건은 특히나 더 열악했다. 처음 발굴할 때는 전기도 제대로 들어오지 않았고, 제대로 된 전용 장비가 없어 모든 작업을 사람 손으로 직접 해야 했다. 구석기 유적을 찾으려고 지표면에서 적게는 3미터, 깊은 곳은 12미터까지 파 내려가야 했는데도 말이다. 게다가 땅을 깊이 파면 팔수록 흙 사이로 끊임없이 물이 스며 나올 뿐만 아니라 비라도 내리면 순식간에 물이 차올라서 조사단은 비를 맞아가며 계속 양수기로 물을 퍼내야 했다. 이처럼 체계적인 발굴 작업이 어려운 상황임에도 불구하고 발굴팀은 한반도의 구석기시대 역사를 찾겠다는 일념으로 도전했다. 그랬기 때문에 수만 년 동안

①
②

① 1970년대의 1지구 발굴 당시 모습. 금강 바로 옆에 발굴 장소가 위치해 있다. (ⓒ석장리박물관) ② 석기가 출토되던 당시의 유구 모습. (ⓒ문화재청)

1장 공주와 한반도의 오래된 역사를 밝히다   19

모습을 감추고 있던 한국의 구석기시대 모습이 드러나는 바로 그 순간이 더욱 감동적이고 가치 있는 역사의 한 장면으로 남게 되었다.

첫 번째 발굴에서부터 선사 인류의 생활상을 상당히 구체적으로 알려주는 흔적을 발견했다. 석장리 유적(사적 제334호)이 발견된 언덕은 무려 27개의 지층으로 이루어져 있었고, 그중 13개의 지층에서 유물을 수습했다. 그곳에서는 한반도 구석기시대 초기와 중기, 후기의 도구들이 골고루 발견되어 옛날 사람들이 해당 지역에서 오랫동안 자리 잡고 생활했음이 드러났다. 그럴 만한 것이 석장리 지역은 금강의 지류가 본류와 만나는 곳이어서 식수를 구하기 쉽고 물고기와 조개류를 양식으로 삼을 수 있는 환경이었다. 게다가 금강의 거센 물살이 끊임없이 깎고 나른 토사가 시간 순서에 따라 쌓인 덕분에 구석기 초기부터 현재에 이르기까지 퇴적 지층이 잘 발달되어 남아 있던 것도 발굴에 큰 도움이 됐다.

이렇게 시기에 따라 다른 형태의 도구들이 발견되면서, 인류가 진화하며 점차 손에 더 잘 맞고 쓰임새가 다양한 도구를 사용하는 방식으로 발전해왔다는 사실을 알게 되었다. 예를 들어 초기 구석기시대 유물로는 거친 제작방식의 찍개류가 출토된 데 비해, 후기로 갈수록 긁개류나 돌날석기같이 좀 더 날카롭고 더 많이 다듬은 유물들이 등장했다. 이는 사용 방법뿐만 아니라 석기의 제작 기술도 구석기 후반으로 갈수록 더

①은 석장리 유적의 간판스타인 주먹도끼다. ②는 모루 ③은 밀개다.
(ⓒ국립공주박물관)

향상됐다는 증거다.

물론 한 번의 발굴로 조사를 끝냈다면 석장리 유적
발굴에서 얻은 성과는 절반도 채 되지 않았을 것이다. 하지만
석장리 발굴은 1965년 4월 2차 조사를 시작으로 1973년을
제외하고 1974년까지 매년 이어졌다. 추가 조사에서는
주먹도끼와 찍개 같은 대표적인 구석기시대 유물이 지속적으로
발굴되어 한반도 역시 다른 동아시아나 유럽에 뒤처지지 않는
구석기 문화가 있었음을 입증했다. 또한 불을 땐 자리나 기둥을
세운 흔적, 문으로 쓰인 돌 등 구석기시대 집터로 보이는 유구
등도 찾아내어 구석기시대의 생활상을 어느 정도 유추할 수
있게 됐다. 이후 1990년과 1992년에 도로 건설을 위해 추가로

발굴 작업을 했고, 2010년에는 문화재 보호구역 확대를 위해
발굴조사를 하면서 석장리 발굴은 46년 동안 총 13차례에
걸쳐 진행됐다. 말 그대로 국내 고고학의 끈기와 저력을 보여준
발굴이었다.

　이렇게 장기간에 걸쳐 발굴조사한 유물들은 발굴한
상태 그대로 잘 보존하여 2006년 개관한 석장리박물관에
전시해놓았다. 현재 석장리박물관은 석장리 유적에서 수습한
석기와 연구 자료들, 그리고 전 세계 구석기 유물 등 총 1만여
점을 소장하고 있다. 국내 구석기시대 연구사의 초석이 된
석장리 발굴은 이제 박물관으로 옮겨와 먼 옛날 조상들의 삶을
돌아보도록 해주었다. 그야말로 한반도의 구석기 1번지로서
상징적인 역할을 맡고 있는 것이다.

한국 고고학 발전은 석장리에서 시작했다

무엇보다 석장리 유적 발굴은 당시까지 학계에 팽배해 있던
'식민사관'과 '한국에는 구석기시대가 없다.'라는 가설을 단박에
타파했다는 점에서 큰 의의를 찾을 수 있다. 실제로 석장리
발굴 이후 국내에서 구석기 고고학 연구가 활발하게 진행되기
시작했다. 그 결과 단양 수양개 유적 발굴과 제천 점말동굴
유적 발굴 등으로 이어졌고, 더 많은 한반도의 구석기 유적을
찾아내며 한반도 전역에 구석기시대가 분포했음을 확인하는
성과를 거뒀다. 또 석장리 유적 발굴에 참여했던 조사단원들은

석장리박물관의 야외 전시 모습. 선사인들의 대표 주거 형태인 막집을 중심으로 석기 만드는 사람, 사냥하는 사람 등 선사인들의 생활을 복원했다. 당시 동물과 자생식물군 등도 복원해 선사시대를 총체적으로 이해하도록 만들었다. (ⓒ석장리박물관)

그 뒤 이어지는 각지의 발굴 현장에서 주도적인 역할을 하며 국내 고고학계에 중심인물로 오랫동안 활약하기도 했다.

또한 이 과정에서 구석기시대 유물 연구 방법도 눈부신 발전을 이루었다. 국내 기술로 방사성 동위원소를 이용한 유물의 절대연대 측정에 성공했다. 그 외에도 꽃가루 분석, 숯 분석, 토양 분석 방법을 이용하는 등 당시 기후와 환경까지 고려하는 연구 방식을 채택해서 구석기시대의 자연 상태와 생활 양상까지 복원할 수 있도록 한 점 역시 석장리 유적 발굴의 성과라고 할 수 있다.

특히 외국어에만 의존했던 구석기시대 유물 명칭을

①	②
③	④

①은 주먹찌르개 ②는 되맞춤석기 ③은 긁개 ④는 사냥돌이다.
(ⓒ국립공주박물관)

한글화하는 데 성공했다는 점에서도 큰 의의를 찾을 수
있다. 발굴팀과 연구자들은 직접 석기를 손으로 쥐어보고
사용해보면서 생김새에 따라 우리말로 고유한 명칭을 붙였다.
그렇게 주먹도끼와 밀개, 긁개, 자르개, 찌르개 등과 같은

도구들은 누가 들어도 쉽게 그 용도와 사용방법을 알 수 있다. 이런 노력을 토대로 1984년에 《한국고고학 개정용어집》을 만들었고, 그 용어들은 지금도 역사 교과서에서 그대로 사용하고 있다.

개미굴 주거생활의 비밀, 공주 장선리 유적

정체불명의 구덩이들

"선생님, 이건 아무래도 좀 이상합니다."

"그렇군. 구덩이 안에 다른 구덩이가 뚫려 있는 것으로 봐서는 단순히 땅을 파고 살았던 움집은 아닌 듯한데?"

"군사시설은 아닌 것 같고, 사냥용 함정이라면 옆구리에 다른 구덩이를 파서 연결했을 리 없고, 저장용 창고라면 사용한 흔적이 있어야 하는데, 그것도 없지 않습니까. 아무래도 사람이 살던 공간이 맞는 것 같습니다."

"그렇긴 한데… 그렇다면 왜 이렇게 구멍을 잔뜩 뚫었던 거지?"

2000년부터 부여시와 논산시에 맞닿은 공주시 남단의 탄천면 장선리 유적을 발굴하던 조사단은 마주 보며 난감한 표정으로 이야기를 주고받았다. 이제껏 보지 못했던 유적이 발굴되었기 때문이다. 한참 발굴 작업을 하던 도중에 마치 개미굴처럼 파인 구덩이들을 발견했다. 이 구덩이들이 어떤 용도로 사용됐는지 좀처럼 감을 잡기 어려웠다.

애초에 이곳 장선리 유적은 옛 문헌이나 전설에 기초한
단서를 가지고 시작한 발굴이 아니었다. 어디까지나 천안-
논산 간 고속도로 하행선 휴게소(탄천휴게소) 부지로 결정된
뒤 공사를 시작하기 전에 시행한 문화재 조사에서 청동기시대
유적의 흔적이 발견되면서 우연히 시작한 작업이었다. 그런 만큼
처음에는 조사단도 장선리 발굴 현장에서 맞닥뜨린 이 정체
미상의 유적 모습을 어떻게 이해해야 할지 몰랐다.

그나마 다행인 것은 청동기시대의 생활 유구와 무덤 그리고
마한의 생활 유구 등이 발굴되면서 대략적인 시대를 가늠할
수 있었다는 점이다. 확인할 수 있는 것은 그게 전부였다.
한편에서는 시대를 특정할 수 있었던 것이 더 큰 혼란의 원인이
되기도 했다. 이제까지 학계에서 일반적으로 추정했던 마한의
주거지와 전혀 다른 모습이었기 때문이다. 발굴에 참여한
연구자들은 갖가지 가설을 제시하며 고민에 빠졌다.

역사서의 한 구절과 맞추어보다

장선리 유적에서는 이렇듯 개미굴 같은 구덩이 유구가 무려
39기나 한꺼번에 발견되었다. 이 유구들은 지하로 구덩이를
파서 하나의 공간을 만든 후, 그 옆으로 굴방이 여러 개 이어진
구조로 만들어져 있었다. 이제껏 볼 수 없던 이상한 구조의
유적을 두고 전문가들 사이에 갑론을박이 이어졌다. 실마리는
의외의 곳에서 풀렸다. 그동안 실체가 그려지지 않았던 것이

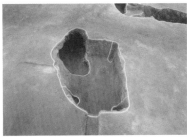

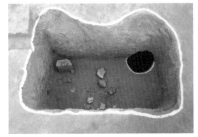

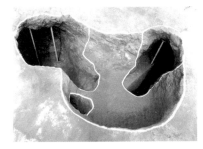

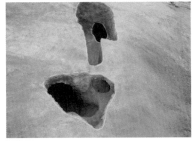

①	
②	③
④	⑤

①은 공주 장선리 유적의 발굴 당시 모습을 항공사진으로 찍은 것이다. 아래는 그 구덩이들을 하나하나 찍은 것들이다. ②는 18호 토실 ③은 37호 토실 ④는 12호 토실 ⑤는 10호 토실이다. (ⓒ충청남도역사문화연구원)

중국 역사서의 한 구절과 연결되면서 마한 사람들의 생활사를
새롭게 맞춰볼 수 있게 된 것이다.

"(마한의) 거처는 초가지붕에 토실土室을 만들어 사는데
그 모양이 마치 무덤 같고 출입문은 윗부분에 있다….”

이 짧은 문장은 현재까지 남아 있는 몇 안 되는 고대사 사료 중
하나인《삼국지》〈위서〉 '동이전'의 마한 편에 실린 기록이다.
마한의 생활상을 담은 귀한 기록이지만, 장선리 유적 발굴
전까지 이 문장 역시 실체를 파악할 수 없는 수수께끼였다.
분명 마한 사람들의 거처를 묘사하고 있는데, 너무 단편적이고
기존 통념에 들어맞는 사례를 찾아볼 수 없어서 실제로 어떤
구조였을지 상상하기 어려웠다.

　하지만 2000년에 장선리 유적을 발굴하면서《삼국지》의
기록과 고고학의 성과를 맞춰보니 놀랍게도 이 둘이 자연스럽게
연결이 됐다. 수수께끼 같던 '동이전' 마한 편의 문장을 이제
이해할 수 있었다. 지금까지 불분명했던 마한의 생활상을 비로소
구체적으로 상상하고 그려볼 수 있게 된 것이다.

　"초가지붕에 토실을 만들었다.”라는 기록은 '땅 위에
초가지붕을 올리고 그 밑에 토실, 즉 흙방을 파서 만든 집'으로
해석할 수 있다. 지표면에서 파 내려간 구덩이를 풀과 나무로
지붕을 이어 올려 덮었다는 의미다. 게다가 그런 구덩이의

국립나주박물관에서 복원, 전시하고 있는 공주 장선리 유적의 토실 모형을 촬영했다. 구덩이와 구멍들이 연결돼 크고 효율적인 주거시설이 되었음을 잘 보여준다. (ⓒ충청남도역사문화연구원)

가장자리에는 기둥을 댄 흔적이 발견되었다. 이 기둥의 흔적은 "출입문은 윗부분에 있다."라는 이야기와 일맥상통했다. 당연히 땅 밑 구덩이로 드나들기 위해서는 사다리 등을 이용했을 것이다.

　또한 이 유적에서 발굴된 구덩이들이 네모반듯한 모양이거나 직사각형 형태였던 것으로 미루어볼 때 "그 모양이 마치 무덤과 같았다."라는 구절과도 정확히 들어맞는다. 실제로 토실의 내부 구조는 바닥은 평평하고 밑에서 위로 60~80센티미터까지 반듯하게 점토를 발라 벽처럼 해놓았지만, 천장 쪽은 마치 에스키모의 이글루처럼 둥근 형태를 이루고 있었다. 높이는 130~200센티미터에 넓이도 약 2평에서 4평(7~14평방미터) 남짓한 정도로 작은 규모의 가족이 충분히 살 수 있는 크기였다. 단면도를 비교하면 무덤의 형태와 상당히 비슷하다.

유적과 문헌을 비교하고 난 뒤 연구자들은 이 토실이 고대인들의 주거지였으며, 각 토실마다 별개의 용도로 쓰였으리라는 결론에 도달했다. 지면 바로 아래에 파낸 구덩이는 출입구 겸 거실로 활용했고, 그 옆으로 연결된 구덩이는 침실과 창고 등으로 사용했던 것으로 추측했다. 이를 통해 당시의 주거 형태도 오늘날과 크게 다르지 않았던 것으로 추정할 수 있다.

흔히 우리는 고대인들을 상상할 때 온 구성원이 한 방에 모여 살며 모든 생활을 그 공간에서 해결했을 것으로 생각하곤 한다. 하지만 장선리 유적은 당시의 생활이 그와 달랐다는 것을 보여준다. 이미 마한이 존재했을 때부터, 즉 청동기시대와 초기 철기시대부터 그들은 방마다 쓰임새가 다른 건축 구조를 만들어 사는 방법을 알고 있었다. 물론 당시의 기술로 어떻게 이렇게 큰 규모의 지하 건축물이 무너지지 않도록 튼튼하게 지을 수 있었는지 여전히 미스터리지만 말이다.

마한 사람들은 어떻게 살았을까?

장선리 유적에서는 마한 사람들의 생활을 추측하게 하는 또 다른 생활유적도 발굴되었다. 그중 하나가 주거지인 토실과 별도로 만들어진 독립된 부뚜막 시설의 흔적이다. 이 부뚜막은 점토를 다져서 벽을 만들었고, 토기 바닥을 거꾸로 세운 구조로

되어 있었다. 이는 당시 사람들이 조리와 식사는 야외에서 하고, 일반적인 생활과 취침은 토실 안에서 했다고 추정할 수 있는 증거다.

이 밖에도 주거지 근처에서 저장용 구덩이도 25기나 찾았다. 이들 구덩이의 단면을 보면 위가 좁고 아래로 갈수록 점점 넓어지는 소위 '플라스크' 형태를 띠었다. 이 구덩이 안에서는 많은 토기가 함께 발견됐다. 저장용 구덩이가 토실 주변에 있다는 사실을 통해 당시 사람들이 주로 농경 생활을 했으며, 식량을 저장하고 씨앗을 보관해두는 용도로 구덩이를 사용했다는 것을 짐작할 수 있다. 구덩이는 토실과 마찬가지로 언덕 위쪽의 평탄한 정상부와 완만한 능선 쪽에 자리 잡고 있었는데, 토실이 지하로 깊게 파 내려가는 구조임을 고려하면 토양 내부의 습기나 비로 물이 차는 것을 방지하고자 그런 위치에 자리 잡은 것으로 추정할 수 있다.

장선리 유적에서 발굴된 대표적인 토기는 긴 달걀 모양의 장란형 토기와 시루가 있다. 장란형 토기는 마한의 대표적인 조리용 토기 유물 중 하나로 몇몇 토기의 바닥면과 내부에는 불을 사용해서 취사한 그을음 흔적이 남아 있었다. 또한 평평한 바닥에 작은 증기 구멍이 여럿 뚫린 형태의 시루도 발굴됐다. 이를 통해 이 시기에도 찜과 같은 방식의 조리법을 사용했으리라고 미루어 짐작할 수 있다.

장선리 유적의 주인공들은 자신들의 생활 토기를 직접

장선리에서 출토된 마한의 토기 유물. 겉면의 그을린 흔적이나 시루 등을 통해 당시 불을 사용해
취사했음을 알 수 있다. (ⓒ문화재청)

제작했던 듯하다. 비록 대부분 훼손되었지만, 토기를 제작했던 가마의 흔적이 토실 유적 근처의 폐기장에서 확인되었다. 같은 곳에서 토기 제작에 사용하는 도구도 발견되어 토기 가마의 존재를 뒷받침했다. 이와 같은 유물들은 장선리 유적이 과거 사람들이 생활한 흔적을 그대로 담고 있는 생활유적이라는 성격을 분명하게 보여준다.

우리나라에서 최초로 발견된 마한의 토실 유적인 장선리 유적은 마한의 생활상을 생생히 복원하도록 함으로써 고고학적 가치는 물론 문화사적으로도 매우 중요한 의미를 얻었다. 2001년, 장선리 유적은 사적 제433호로 지정됐다.

청동기시대부터 선택받았던 땅, 장선리

장선리 유적의 의미는 여기서 그치지 않는다. 이곳에서는 마한의 토실보다 더 앞선 시기인 청동기시대의 움집터(수혈주거지)도 4동이나 발견됐다. 이는 평면 원형의 집터 내부에 타원형의 구덩이가 자리한 전형적인 청동기시대의 움집터로 기원전 6~4세기에 지었을 것으로 추정한다. 이 시기는 집단 경작이 행해졌던 때로 여러 집이 마을을 이루어 생활했던 특징이 나타난다.

주거지 내부와 집터 주변에서는 청동기시대의 토기들이 수습됐으며, 돌화살이나 돌칼 등과 같은 다양한 석기류도 발견됐다. 또한 청동기시대의 대표적인 무덤 형식인

①은 장선리 유적 중 청동기시대 주거지 흔적이다. (ⓒ충청남도역사문화연구원)
②는 청동기시대 주거지에서 출토된 유물들. (ⓒ문화재청)

역사의 보물창고 백제왕도 공주

돌널무덤(석관묘)과 독널무덤(옹관묘)도 각각 1기가 조사됐다. 이 무덤은 주거지와 다른 능선에 자리 잡고 있어 당시에도 생활공간과 매장공간이 별도로 분리되었음을 알 수 있다.

장선리 유적은 바로 발굴을 끝낸 10기의 유구를 제외한 29기의 토실을 있는 그대로 보존해놓았다. 그리고 그 지역을 녹지로 조성해서 마치 공원 같은 형태로 만들었다. 덕분에 애초에 지으려 했던 탄천휴게소는 최초 예정지에서 200미터 떨어진 곳에 지어졌다. 이곳에 조성된 '장선리 유적'은 탄천휴게소에 차를 두고 걸어가서 관람할 수 있는 명소가 됐다.

웅진 천도의 사연, 공주 수촌리 유적

평범한 구제 발굴이 웅진백제의 비밀을 밝히다

인간이 공들여 만든 역사는 오랜 세월이 지나면서 삭아버리거나 이가 빠지고 만다. 그렇게 사라진 역사 중에 몇몇은 예기치 않은 순간에 다시 생생히 살아나기도 한다. 발굴은 그런 지워진 역사를 재생하는 극적인 순간이라고 할 수 있다. 고마나루에서 8킬로미터쯤 떨어진 곳에서 만난 수촌리 유적 발굴은 지워진 백제의 역사를 21세기에 살고 있는 우리 앞에 화려하게 소환했다.

　　장선리 유적과 마찬가지로 수촌리 유적 발굴도 우연한 계기로 시작했다. 2002년, 공주시는 의당면 수촌리에 의당농공단지를 조성하기로 결정하고 예정 부지를 마련했다. 지역 주민들은 지역경제 활성화와 새로운 일자리를 통해 얻을 수 있는 소득을 기대하며 공주시의 결정을 환영하는 분위기였다. 하루빨리 농공단지가 완성되기를 기대하던 2003년, 예정 부지에 대한 문화재 지표조사를 실시했다. 조경수가 빼곡하게 들어서 있던 언덕에서 실시한 지표조사를 통해 선사시대의 토기 조각들이 발견되면서 이후 본격적인 발굴조사로 이어졌다.

여기까지는 일반적인 구제 발굴救濟發掘과 크게 다를 바 없다. 구제 발굴은 도로나 댐 건설, 대단위 택지 개발 등 대규모 건설공사에 앞서 혹시나 일어날 수도 있는 유적의 훼손을 '구제'하고자 실시하는 발굴조사를 말한다. 1999년 개정된 우리나라의 문화재보호법은 국가나 지자체에서 시행하는 일정 규모 이상의 건설공사에서 의무적으로 문화재 지표조사를 사전 시행하도록 규정하고 있다. 지표조사에서 문화재의 흔적이 발견되면 자연스럽게 구제 발굴을 진행한다. 그런데 이렇게 시작한 평범한 구제 발굴이 그동안 비밀에 쌓였던 웅진 천도의 주도 세력을 밝히는 열쇠가 될 줄은 아무도 몰랐다.

공주 수촌리 고분군 2지역 전경. (ⓒ충청남도역사문화연구원)

① ② 수촌리 발굴 현장에서 금동신발 유물이 막 드러난 모습. ①은 2지역 3호 돌덧널무덤, ②는 2지역 4호 돌방무덤에서 출토된 장면이다. (ⓒ충청남도역사문화연구원)

무령왕릉 이후 최대의 발굴 성과

고고학계에서는 흔히 수촌리 유적 발굴을 "무령왕릉 발견 이후 최대의 성과"라고 일컫는다. 그도 그럴 것이 무덤을 하나하나 열 때마다 이전까지 좀처럼 보기 어려웠던, 백제 최고 지배층의 것이라고 볼 수밖에 없는 화려한 유물들이 쏟아져 나왔기 때문이다. 먼저 이곳 고분군에서 출토된 대표적인 유물들을 하나씩 살펴보자.

단연 돋보이는 유물은 금동관이다. 다른 지역에서 발굴할 때는 한 개를 찾아보기 어려웠던 금동관이 수촌리 유적 내 무덤에서 무려 두 개나 출토됐다. 앞쪽에는 새의 머리와 날개 모양의 장식이, 뒤쪽에는 공작의 꼬리 모양 장식이 덧붙여진 아름다운 금동관이었다. 다양한 제작 기법과 세밀한 문양으로 봤을 때 4~5세기경에 만들 수 있는 최고의 예술작품이라 해도 과언이 아닐 만큼 화려한 장식을 자랑하고 있었다.

수촌리에서 출토된 2개의 금동관모 중 4호 돌방무덤에서 나온 것을 새로 복원해 만들었다.
(ⓒ충청남도역사문화연구원)

백제의 왕릉급 무덤에서도 발견된 적이 없던 금동관이 수촌리
고분군에서 발견되면서, 이곳의 무덤 주인이 옛 공주 지역을
호령하던 수장층이 틀림없다는 결론에 다다랐다.
그뿐만 아니라 금동신발도 네 쌍이나 수습됐다. 왕의
무덤인 무령왕릉에서도 발견된 바 있는 금동신발은 바닥판에
측면판 두 개를 접어 붙여서 신발 앞쪽 끝과 뒤축을 여며 붙이는

형태로 제작됐다. 또한 신발 바닥에는 독특하게도 뾰족한
금동 못을 부착해놓았다. 금동관이 살아 있는 사람을 위한
최고의 장식품이었다면 금동신발은 죽은 사람을 위한 최고의
의례용 신발이라 할 수 있는데, 이 역시 지방의 수장이 죽었을
때 왕실에서 껴묻거리(부장품)로 사여한 것이라고 학계에서는
추측하고 있다.

도대체 이 무덤에 묻힌 사람이 얼마나 높은 지위에
있던 사람이었기에 이런 금동관과 금동신발이 출토된
것일까? 고분군의 생성 시기는 무덤마다 조금씩 다르나 대략
4~5세기경으로 추정하는데, 당시에는 백제가 한성漢城을
도읍지로 삼고 있었을 때다. 따라서 무덤의 주인들은 왕실과
중앙정부에 어느 정도 영향력을 행사할 수 있는 웅진의 지배
세력이었음이 틀림없다.

이처럼 지역공동체 내에서 독자적이고 차별적인 지위를
인정받은 지방 세력가들의 신분을 상징하는 물품을 학계에서는
위세품威勢品이라고 부른다. 이런 위세품들은 금동관과 금동신발
외에도 많이 발견됐다. 정교한 금귀걸이, 둥근고리큰칼과
금동허리띠, 재갈과 발걸이 등의 마구류馬具類가 수습됐으며,
여성의 것으로 보이는 장식품들, 즉 머리장식과 귀걸이, 옷에
거는 구슬장식 등도 출토됐다. 또한 백제시대의 토기들도
다양하게 발굴됐다.

고구려 남진 정책의 연쇄 효과

화려한 위세품을 지니고 다양한 출토 유물과 함께 이곳 수촌리
고분군에 잠든 이들은 누구일까? 어떤 이들이었기에 백제의
수도 한성(지금의 서울 송파구·강동구 일원)에서 한참 떨어진 이곳
수촌리에서 이토록 화려한 무덤 안에 묻힐 수 있었을까? 이러한
질문에 답을 찾기 위해서는 고구려 장수왕의 침략으로 수도
한성을 잃은 백제 역사를 살펴보아야 한다.

5세기 후반 백제와 고구려는 한강 유역을 두고 날카롭게
대립하고 있었다. 당시 고구려의 장수왕(재위 413~491)은 도성을
평양으로 옮긴 이래로 꾸준히 남진 정책을 추진하였고, 이에
백제의 개로왕(재위 455~475)은 나제동맹(제라동맹)을 맺어
신라와 함께 고구려에 맞서려고 했다. 그러던 중인 475년
장수왕이 군사를 크게 일으켜 당시 백제의 수도였던 한성을
공격했다. 위기감을 느낀 백제의 개로왕은 태자인 문주를
신라로 보내 구원군을 요청했다. 하지만 고구려의 기세가 워낙
강했던 탓에 한성은 금방 함락되고, 개로왕과 그 일족은 모두
처형당하고 말았다. 이를 계기로 백제는 나라의 젖줄과도 같았던
한강과 그 일대를 고구려에 내주고 만다. 이때 신라의 지원군
1만 명과 함께 북상하던 태자 문주는 한성 함락 소식을 듣고,
한동안 고민하다가 결국 남쪽으로 내려와 웅진에 방어진을
구축하고 새 도읍으로 정했다. 이것이 백제의 웅진熊津 천도다.

　여기까지는 모두 역사서에 기록되어 있는 사실이다. 워낙

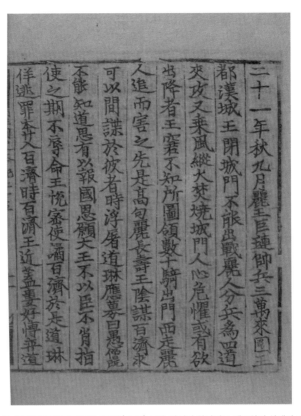

《삼국사기》의 〈백제본기〉에서 개로왕 21년(475) 9월, 한성이 함락되고 개로왕이 살해된 내용이 기록된 부분. (ⓒ국사편찬위원회)

중요한 사건이다 보니 각종 학교 교과서에도 이와 비슷한 내용이
비중 있게 실려 있다. 그런데 여기에는 학교 어디에서도 배우지
못한 의문점이 하나 숨어 있다. 왜 태자 문주, 즉 문주왕(재위
475~477)은 다른 여러 후보지를 두고 새로운 도읍지로 웅진을
선택했을까? 여러 가지 가설이 있지만, 수촌리 고분군에서 그

이유를 찾을 수 있다.

당시 웅진지역을 다스리던 유력 인사, 즉 수촌리 고분군에 매장된 재지세력在地勢力인 수촌리 세력이 한성 도읍지 시기부터 백제와 긴밀한 관계를 맺고 있었고, 그들의 지지와 후원 아래 웅진이 도읍 후보지로 유력해진 게 아니었을까? 어느 정도는 무덤의 주인공인 수촌리 지역의 지배 세력이 웅진 천도를 먼저 제안했을 수도 있고, 문주왕 역시 자신의 친족이 고구려에 몰살당한 시점에서 자신의 안위를 보전해주고 왕권을 지켜줄 만한 이들이 살고 있는 웅진지역을 새 터전으로 잡는 것이 안전하다고 판단했을 수도 있다. 군사적으로나 지리적으로나 방어에 유리한 공산성을 택한 것은 그런 측면이 반영됐기 때문일 테다.

위세품으로 보는 백제의 내부 정치

이는 위기에 빠진 백제와 백제 왕실의 부흥이라는 측면에서도 매우 중요한 문제였다. 선왕이 살해당하고 난 후 무너진 왕실을 다시 일으키기 위해서는 정치적인 입지뿐만 아니라 군사·경제적으로도 기반이 튼튼한 배경 세력이 필요했기 때문이다. 게다가 한강 유역을 점령한 고구려가 이를 발판으로 더 남쪽으로 쳐들어올 가능성도 여전히 존재했다. 이런 상황에서 웅진으로 도읍을 정했다는 것은 국가를 유지하는 데 보탬이 될 만큼의 군사력과 경제력을 갖췄을 뿐만 아니라 문주왕 또는

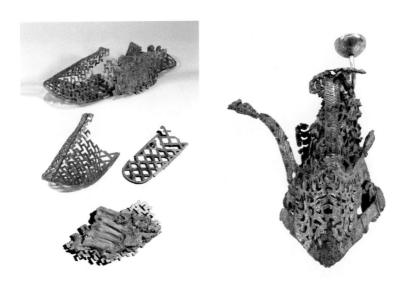

①은 수촌리 2지역 1호 덧널무덤에서 출토된 금동신발. 금동신발은 실제로 사용하는 용도가 아니라 사후 세계를 위한 껴묻거리의 하나였다. ②는 4호 돌방무덤에서 나온 금동관모로 생전에 착용하던 것으로 추정하고 있다. (ⓒ충청남도역사문화연구원)

백제 왕실에 매우 우호적인 세력이 웅진에 있었다는 의미로 받아들여도 좋을 듯하다.

다르게 생각하면 이런 위세품의 발견은 백제가 그전부터 오랫동안 수촌리 세력을 자기편으로 끌어들이려고 귀한 물건을 그들에게 하사했다는 추측도 가능하다.

고대사회는 기본적으로 왕의 권력이 강한 사회였다. 하지만 요즘처럼 교통이나 통신이 발달했던 것도 아니고, 내부의 갈등을 불식할 수 있는 강력한 군사력이나 인력이 준비된 것도 아니어서, 수촌리 세력 등 재지 세력에 대해 백제

수촌리 2지역 1호 덧널무덤에서 출토된 둥근고리큰칼. 대표적인 위세품의 하나였다.
(ⓒ충청남도역사문화연구원)

왕실의 영향력이 강하게 미치는 데 한계가 있었다. 게다가
공주를 포함한 충청도와 전라도 지역은 백제가 나라를 세우기
전에 이미 고대 삼한 가운데 하나인 마한이 존재하고 있었다.
백제가 마한을 흡수한 뒤에도 꽤 오랫동안 마한의 잔존 세력은
여전히 어느 정도 힘을 가진 상태였고, 이들을 안정적으로
흡수·통합하는 데는 오랜 시간이 필요했다.

따라서 백제에서는 재지세력을 어느 정도 인정해주고
그들로 하여금 충성할 수 있도록 각종 유인책을 사용할 수밖에
없었다. 그런 전략 중 하나가 지역에서는 구하기 어려운
귀한 물건들을 내려주어 재지세력의 환심을 사는 것이었다.

재지세력이 왕실과 나라에 공을 세워서 그에 대해 상을 내렸을 수도 있고, 생일과 같은 기념일에 선물을 보냈을 수도 있다. 또는 왕실이 결혼을 통해 국내의 주요 세력과 결연하였다는 상징적인 의미로 위세품을 하사했을 수도 있다.

재지세력의 관점에서 보면, 이러한 위세품은 백제에 자신의 지위와 세력을 인정받았다는 증거이기도 하다. 따라서 그 무엇보다 가문에서 소중하게 여겼을 테고, 그렇기 때문에 무덤에도 껴묻거리로 넣었다고 생각해볼 수 있다.

이렇게 여러 관점에서 봤을 때, 수촌리 유적 발굴은 무덤에서 발견된 다수의 위세품을 통해 과거의 세력 관계까지도 가늠해볼 수 있어, 역사적으로 매우 의미가 큰 발굴이라 할 수 있다.

'수입 명품'으로 보는 백제의 대외 교류

수촌리 유적의 무덤들에서 출토된 유물에서는 또 한 가지 유심히 살펴볼 부분이 있다. 다양한 중국 자기가 다수 발견됐다는 점이다. 그중에서도 단연 눈에 띄는 자기는 흑유계수호黑釉鷄首壺인데, 닭 머리 모양의 항아리에 흑색 유약을 발라 만든 자기다. 이는 중국 항저우에서 발견된 진晉나라 시대 유물과 비슷해 제작 시기를 정확히 추정할 수 있다. 그 외에도 4~5세기경에 중국에서 만들어진 청자 항아리 등의 자기들이 출토되었다.

수촌리 고분군에서 출토된 중국 자기들. 백제와 중국이 이른 시기부터 교류했음을 보여준다. ①은 수촌리 2지역 4호 돌방무덤에서 출토된 흑유계수호로 닭 머리 모양을 장식한 것이 특징이다. ②는 같이 출토된 흑유항아리로 안정감 있는 비례로 만들어졌다. (ⓒ충청남도역사문화연구원)

이는 두 가지 사실을 우리에게 이야기해준다. 하나는 중국 도자기도 금동관이나 금동신발과 마찬가지로 왕이 재지세력에 하사하여, 그들의 권세를 상징하는 위세품 역할을 했다는 것이다.

또 하나는 이 수촌리 유적이 만들어지기 전부터 이미 백제가 중국과 활발하게 교역하고 있었다는 점이다. 몽촌토성과 같은 한성기 유적 등에서 이미 3세기 중후반 무렵부터 백제에 중국 문물이 들어왔다는 증거가 나온 바 있다. 수촌리 유적에서 수습한 중국 자기들은 그 점을 다시 한 번 입증해줄 뿐만 아니라, 백제와 재지세력 사이에 중국 문화가 어느 정도는 녹아들어 있었다는 사실을 알려준다.

　이처럼 수촌리 유적은 한성에서 웅진으로 천도할 당시의 긴박했던 정치적 역학 관계를 비롯해 중국, 일본과 활발하게 가졌던 대외 교류에 이르기까지, 부족한 기록으로 인해 제대로 알기 어려웠던 웅진백제의 여러 실상에 대해 많은 이야기를 전하고 있다.

수촌리 유물이 전하는 사랑 이야기

애절한 사랑의 증거, 따로 묻힌 유리옥

시대와 역사가 흐르는 동안에도 변하지 않는 사랑이 과연
있을까? 이런 질문을 해보는 건 여러 시간대를 자유자재로
넘나드는 시간여행 드라마나 수백 수천 년의 시간을 훌쩍
뛰어넘는 판타지 같은 이야기를 하려는 게 아니다. 살아서도
서로 사랑했고 죽어서도 함께하기를 바랐던 우리 조상들의
애절한 사랑 이야기를 하고 싶었기 때문이다. 우리와 마찬가지로
조상들도 영원한 사랑을 꿈꾸고 염원했던 게 아닐까.

때는 바야흐로 5세기, 웅진지역에 고귀한 신분의 부부가 살고
있었다. 이 귀족 부부는 백성에게 자애로울 뿐 아니라 부부
금슬이 좋기로 유명해서 이로 인해 뭇사람들의 부러움을
사기도 했다. 그러던 어느 날 남편은 이웃 나라의 침입을 막으러
전장에 나가게 되었다. 전장으로 떠나던 날, 남편은 유리옥
하나를 정확히 반으로 잘라 한쪽은 자신이 지니고, 나머지

한쪽을 아내에게 주며 "떨어져 있더라도 우리는 이 유리옥과 같이 하나라오. 내 곧 돌아오리다."라고 하며 사랑의 증표를 나누어 가졌다. 하지만 전장으로 떠났던 남편은 큰 부상을 입은 채 돌아왔다. 아내는 한시도 곁을 떠나지 않고 정성을 다해 간호했으나 차도를 보이지 않았다. 얼마 뒤 그렇게 호방하던 청년 귀족은 사랑하는 아내의 보살핌 속에서 세상을 떠나고 말았다. 아내는 먼 저승길로 남편을 떠나보내며 이승에서 못 다한 사랑, 저승에서 다시 만나 이어가자고 남편과 나누어 가졌던 유리옥 한쪽을 무덤에 넣었다. 행여나 저세상에서 모습이 바뀌거나 기억을 잃더라도 서로를 찾을 수 있는 징표로 삼기 위해서였다. 그렇게 남편을 여읜 지 얼마 지나지 않아 아내도 시름시름 앓기 시작하더니 이내 남편의 뒤를 따랐다. 이들의 애틋한 사랑을 지켜본 가족들은 아내가 가지고 있던 나머지 유리옥 반쪽 역시 아내가 남편에게 했던 것처럼 관 속 머리맡에 넣어 무덤을 만들어주었다. 그들이 저세상에서 다시 만날 수 있기를 바라면서….

과연 이들은 저승에서 다시 만나 못다 이룬 사랑을 이어갈 수 있었을까? 이는 만들어낸 이야기에 불과하니 그 결론은 알 수 없는 일이다. 하지만 이처럼 '영원한 사랑'을 약속했던 부부가 살았다는 점만큼은 틀림없는 사실이다. 그 반으로 가른 유리옥이 공주 수촌리 고분 중 두 곳에 각각 묻힌 채로 무려 1,500여 년

①은 수촌리 2지역 4호 돌방무덤의 발굴 현장 모습. 이 무덤과 ②의 5호 무덤에서 ③처럼 반으로 나뉜 대롱옥 유물이 각각 발견되었다. (ⓒ 충청남도역사문화연구원)

이상 보존됐다가 지난 2003년에 발견됐다.

　물론 처음에는 무덤별로 발굴되었기 때문에 이런 사실을 알아차리기가 불가능했다. 먼저 발굴조사를 시행했던 무덤에서 시신의 머리맡에 놓인 부러진 유리옥을 발견했을 때는 이 옥이 대체 어떤 용도였는지, 무슨 이유로 머리맡에 놓았는지, 그리고 나머지 반쪽은 어디에 있는지 전혀 알 수 없었다. 하지만 오래지 않아 다른 무덤에서 나머지 반쪽을 찾으면서 의문은 싱겁게 풀렸다. 덩달아 두 개의 무덤이 부부의 무덤이라는 사실도 자연스럽게 밝혀졌다.

　이는 고구려를 세운 주몽 신화 중 칼 반쪽을 맞추어 자신이 아들임을 입증한 유리왕(재위 BC 19~ AD 18) 이야기나

변방으로 군역을 이행하러 떠나는 정인情人과 손거울을 반으로
나눠 하나씩 가졌다가 다시 만나서 백년해로하게 되는 가실과
설씨녀 설화에 등장하는 부절符節, 곧 징표가 되는 물건 문화가
단순히 책 속의 이야깃거리가 아니라 실제로 당시에 행해졌던
풍습이라는 사실을 알려줬다(두 내용 모두《삼국사기》에 등장하는
이야기다). 이 이야기는 고고학이라는 학문이 갖는 매력을 잘
보여준다. 위 이야기에서처럼 고고학은 발굴된 사실에 근거하여
전혀 예상치 못했던 흥미진진한 사연과 역사의 진실을 찾아내는
학문이다.

여기서도 중요한 유물이 나오지 않을까?
수촌리 발굴 과정 중에도 처음에 전혀 예상할 수 없었던 일들이
많이 일어났다. 수촌리 유적은 청동기시대에서 조선시대에
이르는 주거지와 무덤이 두루 배치된 1지역과 백제시대
무덤들이 배치된 2지역 등 두 군데가 확인됐는데, 원래 처음에
주목한 곳은 1지역이었다.
    먼저 조사한 1지역은 규모도 약 3,300평방미터로 2지역
보다 5배 가량 넓었고, 한국형 청동검(세형동검)과 청동창,
청동도끼, 조각도 등 이전에 발굴되지 않았던 다수의 청동기
세트가 수습되었다. 또한 청동기시대뿐만 아니라 백제시대부터
조선시대에 이르기까지 다양한 집터 흔적과 무덤도 발견됐다.
    사실 이것만으로도 대단한 수확이었기에 2지역 조사에는

수촌리 유적을 하늘에서 본 모습. 볕이 잘 들고 물이 잘 빠지는 곳에 들어섰다. 예나 지금이나 좋은 땅으로 여겨질 만한 곳이다. (ⓒ충청남도역사문화연구원)

큰 기대를 하지 않았다. 심지어 충청남도 담당 공무원은 "여기서도 중요한 유물이 수습되면 농공단지 조성은 물 건너가는 것 아니냐."라며 2지역 발굴에 조바심을 내기도 했다.

　　그러나 말이 씨가 된다고 했던가. 2지역에서 백제 고분군의 흔적이 우연히 발견됐다. 발굴단은 1지역에 이어 2지역까지 계속 발굴 작업을 이어갔다. 그곳에서 고분들이 다수 나타났으며, 금동관과 금동신발 등 엄청난 유물이 계속 쏟아져 나왔다. 결국 수촌리에 조성하려던 의당농공단지 계획은 취소됐고, 2008년 의당면 가산리로 부지를 옮겨 새롭게 조성했다. 2지역은 그

이후에도 몇 차례 지속해서 추가 발굴을 했으며, 2005년에
수촌리 고분군은 사적 제460호로 지정되었다.

어떻게 부부의 묘인 것을 알게 되었을까?

웅진 지배 세력의 묘역이었던 2지역의 고분군에는 한 가지
큰 특징이 있다. 바로 가문의 묘역을 조성했다는 점이다.
여러 기의 무덤이 좁은 공간에 옹기종기 자리하고 있어 한
집안이 여러 대에 걸쳐 묘를 쓴 가족묘의 형태를 띠고 있다.
2003년 1차 조사에서는 총 5기의 무덤이 확인됐는데, 1·2호는
덧널무덤(토광묘), 3호는 앞트기식 돌덧널무덤(횡구식 석곽묘),
4·5호는 굴식돌방무덤(횡혈식 석실분)이다.

그런데 어떻게 각 무덤을 가족의 무덤이라고 판단했을까?
무덤의 양식이 동일한 1호분과 2호분은 서로 약 3미터 거리를
두고 있는데, 1호분에서 금동관과 금동신발, 둥근고리큰칼 등
남성을 상징하는 유물이 나온 반면, 2호분에는 그런 유물이 없는
대신에 화려한 머리장식 구슬과 목걸이가 출토됐다. 이런 점을
미루어보아 두 무덤은 서로 부부 관계의 무덤이라고 추측한
것이다.

앞서 소개한 유리옥이 각각 발견됐던 4호분과 5호분의
경우를 살펴보면, 4호분에서는 금동관과 금동신발, 큰
칼, 최고급 자기 등이 나와 남성의 무덤이 확실했던 반면,
5호분에서는 17점의 장식용 구슬이나 철기류, 토기류 등이

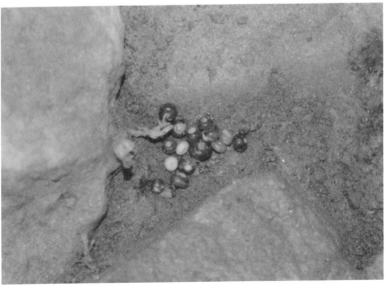

①
②

①은 공주 수촌리 2지역 4호 돌방무덤에서 출토된 청자잔이다. ②는 수촌리 2지역 5호 돌방무덤에서 막 세상에 드러난 장식용 구슬이다. (ⓒ충청남도역사문화연구원)

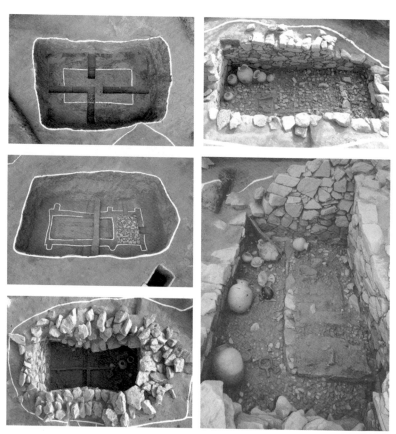

①	④
②	⑤
③	

수촌리 고분군의 무덤 양식 변화. 시대에 따라 ①움무덤→②덧널무덤→③구덩식 돌덧널무덤→④앞트기식 돌덧널무덤→⑤굴식 돌방무덤으로 변화했다. (ⓒ충청남도역사문화연구원)

나왔다는 점에서 여성의 무덤으로 추정할 수 있었다. 마찬가지로 7호분과 8호분도 무덤의 양식이 같기 때문에 부부의 무덤이라고 추정했다.

지역 지배층의 무덤 양식 변천을 한눈에 보다

수촌리 고분군의 무덤들은 시기별로 다른 백제의 무덤 조성 방식에 따라 만들어졌다. 그래서 수촌리 고분군에서는 백제의 지역 지배층이 받아들인 무덤 양식의 변천을 확인할 수 있다.

처음에는 마한의 방식을 차용해 덧널무덤(목곽묘)을 조성했다. 차츰 한성백제 왕실 무덤의 영향을 받기 시작하면서 구덩이를 파고 그 안에 돌을 깐 후에 시신을 안치하는 구덩식 돌덧널무덤(수혈식 석곽묘)을 도입했다. 그 이후에는 앞트기식 돌덧널무덤(횡구식 석곽묘)과 굴식 돌방무덤(횡혈식 석실묘)으로 점차 발전했다. 그런데 수촌리 고분군에서 발견된 무덤에는 이 모든 양식이 골고루 나타났다. 이렇게 각각 다른 형태의 무덤이 지어졌기에 발굴자들은 쉽게 이들의 선후 관계를 파악할 수 있었다. 그뿐만 아니라, 재지세력도 시간이 갈수록 백제 왕실의 돌무덤 양식을 이용했다는 점에서 백제의 세력이 점차 지역으로 확산됐고, 문화적으로 재지세력을 점차 예속시켰다고 해석할 수도 있다.

수촌리에서 왕족이 아닌 사람들의 무덤이 다수 발굴되고 그 안에서 다양한 유물이 수습되었기 때문에 학계에서는 당시 백제시대에 살았던 상하계층의 생활과 문화를 모두 살펴볼 수 있는 계기를 얻었으며, 무령왕릉 발굴 이후 한동안 정체기에 있었던 백제사 연구에서 새로운 활로를 모색할 수 있었다. 그만큼 수촌리 고분군은 역사적으로 가치가 매우 높은 유적으로

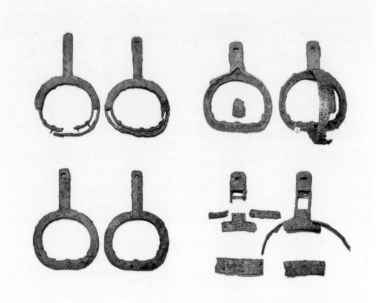

수촌리 2지역 고분에서 출토된 등자. 이미 말을 효율적으로 다루었음을 알 수 있다. (ⓒ문화재청)

이를 통해 백제에 관한 흥미로운 정보를 더 많이 얻을 수 있었다.

이렇듯 수많은 성과를 올린 수촌리 고분군의 발굴은 고고학계에 대단한 행운이었다. 하지만 이를 단순히 운으로만 치부할 수 있을까? 백제인들이 그곳에 귀족들의 가족묘를 만든 이유는 그만큼 자리가 좋은 곳이었기 때문이다. 농공단지를 조성하려 했던 현대인들도 마찬가지로 그곳이 새로운 시설이

①은 2지역 13호 덧널무덤에서 출토된 유물로 특이하게도 작은 크기의 항아리 여섯 개가 붙어 있는 모양이다. ②는 수촌리 유적 2지역 4호 돌방무덤에서 나온 다양한 그릇들이다. (ⓒ충청남도역사문화연구원)

들어서기에 적합한 곳이라 생각해 그 지역을 선택했었다. 그러고 보면 백제시대의 조상들이나 현재를 살아가는 우리나 소위 '명당자리'를 보는 눈은 똑같은지도 모른다.

발굴은 어떻게 진행하나요?

역사와 만나는 과정, 발굴

일반적으로 발굴은 땅속에 파묻힌 것을 파내는 일을 말한다. 이에 비해 고고학에서 이야기하는 발굴은 역사적 유물·유적을 파내어 지상으로 드러내는 일을 뜻한다. 우리나라는 땅속에 묻혀 있는 역사적 유물·유적을 '매장문화재'로 규정하여 훼손되거나 파괴되지 않도록 법으로 보호하고 있다. 발굴은 이 매장문화재를 땅 위로 드러내는 것으로, 그 과정에서 훼손이 일어나기 쉽다. 그렇기 때문에 개인이 자의로 매장문화재를 발굴할 수 없으며, 법에 정해진 절차에 따라 문화재청장의 허가를 받아야만 발굴할 수 있다.

고고학자는 발굴을 통해 단순히 매장문화재만을 찾는 것이 아니라, 매장문화재에 담긴 모든 정보를 체계적으로 수집한다. 유물·유적의 정보는 현재를 사는 사람들이 과거의 역사와 문화를 이해하는 바탕이 된다. 발굴을 통해 세상에 드러난 매장문화재들은 역사·문화적 가치에 따라 유적은 사적으로, 유물은 동산문화재로 지정해 보호한다.

발굴은 어떻게 나눌까요?

◈ 발굴을 하는 경우는 크게 4가지로 구분한다.

1. 연구 목적으로 발굴하는 경우

2. 유적의 정비사업을 목적으로 발굴하는 경우

3. 토목공사, 토지의 형질 변경이나 그 밖에 건설공사를 위해
    부득이 발굴할 필요가 있는 경우

4. 멸실·훼손 등의 우려가 있는 유적을 긴급하게 발굴할 필요가
    있는 경우

1번과 4번은 이미 지표로 드러나 있는 유적에 관한 항목으로 유적의
보존이나 정비를 위해 발굴을 허가한다. 1번은 '학술 발굴'이라 하는
데, 기록이나 전승 등을 바탕으로 유적이 있을 것으로 추정되는 곳
에 학술 목적으로 발굴을 허가하는 경우다.

　　최근 가장 많이 진행된 발굴은 3번으로 이를 '구제 발굴'이라고
한다. 공사 전에 해당 지역에 유적이 있는지 시굴 조사를 통해 확인
하고, 유적을 발견할 경우 정밀 발굴조사를 한다. 최근 공주시 반죽
동 일대에서는 기존 주택을 허물고 한옥을 건축하는 과정에서 여러
건의 구제 발굴을 했는데, 이때 백제 성왕이 건립한 사찰인 대통사
의 흔적을 확인할 수 있는 여러 유물이 발견되기도 했다.

　　구제 발굴은 발굴 대상 지역이 공사 지역으로 한정되지만, 학
술 발굴은 정확한 범위를 확인하는 작업을 우선해야 한다. 그렇기에
문헌 기록을 통해 유적이 있을 것으로 짐작되는 대략의 범위를 찾아

내고, 해당 지역의 지표면을 조사(지표조사)하여 유적의 흔적이나 유물의 존재 여부를 확인한다.

발굴은 이렇게 진행됩니다

지표조사를 끝내면 본격적으로 발굴조사를 시작하는데, 유적·유물이 있을 것으로 기대하는 깊이에 이르기까지 굴삭기와 같은 장비나 삽을 이용하지만, 그 다음부터는 호미, 대나무 주걱, 솔 등 유물·유적이 손상받지 않도록 간단한 도구를 사용해 조심스럽게 발굴을 진행한다.

유물이나 유적이 발견되면 사진을 찍고 도면을 그리는 등 남아 있는 유물·유적의 모습을 최대한 상세하게 기록한다. 유적·유물 그 자체뿐만 아니라, 유적·유물이 있던 토층도 꼼꼼하게 살펴보아야만 해당 문화재가 어느 시기의 것인지를 해석할 수 있다. 오랜 시간에 걸쳐 건물이 세워지고 사라지면서 흔적들이 서로 겹쳐 있기 때문에 선후 관계를 밝히는 것이 중요하다.

돌이나 금속으로 만들어진 유물은 비교적 견고하지만, 나무나 가죽 등으로 만들어진 유물은 파손되기 쉬워 발굴 현장에서 곧바로 완전히 들어내기 어려운 경우도 있다. 최근에는 유물이 있는 부분의 흙을 통째로 들어내어 좀 더 조심스럽게 유물을 노출하기도 한다. 한편, 발굴된 유물들은 보존 처리와 복원 과정을 거쳐 박물관에 전시되거나 수장고나 보존창고에 들어가며, 발굴 전체의 내용은 발굴 종료 후 2년 내에 보고서를 작성해 공개해야 한다.

2011년 공산성 성안마을 백제유적 발굴조사 작업 광경.
(ⓒ공주대학교박물관)

공주 수촌리 유적 발굴조사 작업 광경. (ⓒ충청남도역사문화연구원)

2장
공산성에서 다시 강국의
꿈을 꾸다

공산성은 백제 중흥의 거점이었고, 꺼져가는 백제의 불씨를 마지막까지
불태웠던 역사의 현장이었다. 공산성이 백제의 역사를 통틀어 얼마나 중요한
장소였는지, 땅속에 묻혀 있던 유물들이 조용히 일러주고 있다.

웅진백제의 심장, 공산성

패배를 곱씹으며 미래를 기약하다

금강에 붙어선 공산公山, 그리 우람해 보이지 않는데 그 산에 오르면 주위가 한눈에 들어온다. 공산의 능선을 둘러싼 오래된 성이 있으니 바로 공산성公山城이다. 성에서 바라보면 남쪽으로는 공주 시가지가 시원하게 펼쳐져 있고, 북쪽으로는 비단 물결 금강이 곱게 흐른다. 그 너머로 수촌리와 천안에서 넘어오는 차령 고개가 멀리 바라보인다. 한때 웅진성이라 불리며 백제의 왕궁을 품었던 곳, 나라의 위기를 극복하고 갱위강국更爲强國, 즉 다시금 강국이 되는 꿈을 실현한 희망의 땅. 공산성은 그 오랜 역사에서 중요한 사건의 중심에 있었다. 특히 국가가 위기 상황을 맞을 때마다 제 역할을 톡톡히 해냈으니, 언제나 희망을 잉태하고 새로운 도약을 이루어낸 곳이라 할 수 있다.

475년 9월, 고구려의 장수왕이 군사 3만 명을 거느리고 한강을 건넜다. 백제의 심장부를 치기 위해서였다. 고구려의 강공에 끝까지 항거한 개로왕은 결국 사로잡혀 처형당하고,

남녀 8,000여 명 또한 죽임을 당하거나 포로로 잡혀갔다. 전쟁이
터지자 구원군을 청하러 간 태자 문주가 신라에서 1만 명의
구원병을 데려왔을 때는 이미 상황을 되돌릴 수 없었다. 이로써
왕실의 기반이 모두 무너진 한성은 더는 도읍지로서의 기능을
유지할 수 없게 됐다.

그해 10월, 폐허가 된 한성에서 왕위에 오른 문주왕은
국난을 수습하려고 웅진, 즉 지금의 공주로 도읍을 옮겼다.
그리고 이곳 웅진에서 절치부심하며 백제 부흥의 씨앗을 심었다.
이렇듯 웅진 천도는 백제의 국가 위기에서 이루어진 절박한
선택이었다. 하지만 다른 한편으로는 공주가 역사의 전면에
등장하는 절호의 기회이기도 했다. 그래서 지금도 공주에서는
매년 9~10월 사이에 백제 웅진 천도의 역사와 전통문화를
기리는 '백제문화제'가 열린다.

웅진백제기(475~538)는 참담한 패전의 혼란을 수습하고
새롭게 국가 기반을 다지는 와신상담의 시간이었다. 특히나 천도
당시는 왕실의 권위가 땅에 떨어지고 왕권을 보위해줄 인재도
적었다. 게다가 군사력과 경제적 기반을 대부분 잃어 모든
것을 재건해야 하는 절박한 상황이었다. 이러한 때에 문주왕은
고구려의 군사 위협에 대비하면서 동시에 불안한 정국을
수습하고 국가 체제를 시급히 정비해야 할 당면 과제를 안고
있었다.

천혜의 요새에 자리 잡다

백제가 두 번째 도읍지로 선택한 웅진은 이 위기에서 백제를 다시 일으킬 최적의 조건을 지니고 있었다. 왕도 웅진은 고구려의 남하를 막아줄 차령산맥이 북쪽에 둘러쳐져 있으며, 왕도의 주변 역시 산으로 둘러싸여 있어 남북으로 긴 분지를 이루었다. 부여의 나성羅城과 같은 외곽 방어시설은 없지만, 주변을 둘러싼 높은 산들로 왕도 외곽에 자연적으로 나성을 둘러 쌓은 것 같은 지형이었다. 또한 왕도의 북쪽으로는 금강이 동에서 서남쪽으로 흘러 해자 기능을 겸하고 있었다. 다시 말해, 웅진은 차령산맥과 금강의 이중 방어선으로 보호받으며, 왕도 외곽을 둘러싼 능선을 따라 적들의 침입에 대응할 수 있는 방어 기능을 갖춘 곳이었다. 따라서 이 지역을 공격하려면 누구든 험준한 산을 넘어오거나 물길을 타고 한참을 거슬러 올라와야 했다.

게다가 웅진 왕도의 북쪽에 자리한 왕성인 공산성은 주변이 급한 경사를 이루는 해발 110미터의 산에 자리하고 있어, 천혜의 요새와 같은 지형이다. 그리고 남쪽으로 시가지가 전개되어 있어서 웅진 천도 직후의 국가 위기에 왕궁 건립과 같은 큰 공사를 하지 않고도 국가 체제를 재정비하는 데 어려움이 없는 자연적 기반을 갖추고 있었다. 또한 금강 유역의 풍부한 수자원과 하천변의 비옥한 땅은 식량과 물자를 확보하는 데도 유리했다. 금강의 물길을 따라 서해에 접근하는 중요한 교통로를

항공사진으로 촬영한 공산성과 공주 시내 모습. 화면의 가운데 부분이 공산성이다. 금강과 현 공주 시가지 사이에 자리 잡고 있다. (ⓒ충청남도역사문화연구원)

확보할 수 있어서 천도 후 중국, 일본과 오래된 우의를 다지는 데 최적의 입지이기도 했다. 밤을 낮 삼아 남쪽으로 달려가던 문주왕이 금강을 건너고서야 비로소 마음을 놓았던 것은 이런 까닭에서였을 터이다.

　그러나 백제의 웅진 천도는 문주왕을 비롯한 백제 중앙 세력의 의지에 의해서만 이루어진 것은 아니다.《삼국사기》의 기록에 따르면, 웅진 천도를 주도한 세력은 문주왕과 그 측근인 몇몇 귀족 세력이었다고 한다. 고고학 연구에 따르면, 이미 웅진 지역에 자리하고 있던 수촌리 세력처럼 유력한 재지세력의 입김도 크게 작용했으리라 짐작할 수 있다. 고구려의 군사적 압력과 왕권의 약화와 같은 절박한 상황에서 한성백제에

　　　　　역사의 보물창고 백제왕도 공주

우호적이었던 재지세력의 힘을 빌릴 수 있다는 이점은 웅진을 새 도읍지로 선정하는 데 매우 중요한 고려 사항 중 하나였을 것이다.

결국 백제가 도읍한 웅진은 산으로 둘러싸여 있는 지형으로 방어에 유리한 요새와 같은 형상일 뿐만 아니라 금강 북쪽으로는 공주 수촌리, 동쪽으로는 세종 송원리, 남쪽으로는 논산 등지에 있던 재지세력의 도움을 받을 수 있는 곳이었다. 이는 웅진이 군사적으로도 전략적인 위치였을 뿐만 아니라 무너진 정치 세력의 공백을 메울 수 있는 유리한 지역이었다는 뜻이다. 이와 같은 환경은 한성 함락이라는 위기 상황에서 신속하게 웅진으로 천도하는 기반이 되었을 것이다.

백제의 두 번째 왕도 웅진의 모습을 구체적으로 파악할 수 있는 기록은 매우 적지만,《삼국사기》와《삼국유사》,《한원翰苑》 등의 기록과 고고학 조사에 기대어 왕성과 왕궁, 사찰, 왕릉이 존재했다는 사실을 확인할 수 있다. 오늘날 공주 시가지를 기준으로 볼 때 북쪽에 왕성인 공산성과 왕릉인 송산리 고분군, 의례공간인 정지산 등이 자리하고 있으며, 남쪽의 내부 평지에 귀족과 도성민의 거주지와 관청, 사찰이 자리한다. 그리고 왕도를 둘러싼 산림지역의 외곽에 지배계층의 무덤이 자리하는 모습으로 당시 왕도 웅진의 경관을 상상해볼 수 있다.

웅진백제 64년의 도읍지

웅진은 475년 10월 문주왕이 천도한 후 64년 남짓한 동안 백제의 왕도였다. 이 사이에 왕도 웅진에서 재위한 왕은 제22대 문주왕부터 삼근왕(재위 477~479), 동성왕(재위 479~501), 무령왕(재위 501~523) 그리고 성왕(재위 523~554)까지 모두 다섯 명이다. 그러나 웅진으로 천도한 뒤 재위한 왕 가운데 무령왕만 유일하게 천수를 누렸을 뿐, 다른 왕들의 재위는 평탄치 않았다.

실제로 웅진으로 천도한 문주왕은 재위에 오른 지 3년째 되는 477년에 병관좌평 해구에게 살해되는 비극을 겪었다. 문주왕의 뒤를 이어 13세의 나이로 왕위에 오른 삼근왕은 진씨 세력과 힘을 합쳐 '해구의 난'을 겨우 제압했다. 하지만 그 역시 3년을 버티지 못하고 죽음에 이르렀다.

삼근왕의 뒤를 이어 즉위한 동성왕은 23년간 왕위에 있으면서 "담력이 뛰어나고 활을 잘 쏘았다."라고 기록될 정도로 강한 왕의 모습을 보이며 왕권 강화와 국가 재정비에 기여했다. 특히 구 귀족 세력을 견제하기 위해 새로운 귀족 세력을 적극적으로 등용했고, 중국 남조南朝의 남제南齊와 신라 등에 사신을 보내는 등 외교에도 힘을 기울였다. 그 결과, 494년(동성왕 16)과 495년에 신라와 연합해서 고구려의 군대를 격퇴했고, 498년에는 탐라국의 항복을 받아냈다. 이렇듯 그가 재위하던 시기에는 군사력도 어느 정도 회복했다. 그러나 이와 같은 동성왕의 왕권 강화와 국가 기강 회복의 노력은 위사좌평

백가의 반란으로 좌절되고 말았다. 한때 왕의 최측근이었던 백가가 자객을 보내 사냥터에서 동성왕을 시해한 것이다. 이런 결과를 보면, 웅진 천도 전기의 백제 왕권이 얼마나 불안정했는지, 그리고 왕권 강화 과정에서 귀족 세력의 견제가 얼마나 심했는지 짐작할 수 있다.

그에 비해 무령왕과 성왕은 동성왕이 닦아놓은 국가 중흥의 토대에 기초하여 백제 제2의 전성기를 이룩했다. 한때 왕이 처형되는 치욕을 감수하며 급히 수도를 남쪽으로 옮겨야 했던 백제는 무령왕 대에 이르면 다시 한강 유역을 공략할 수 있을 정도로 강한 군사력을 갖췄다. 또한 중국과 일본 등 국제 교류도 다시 활발해져 두 지역을 잇는 문화적 가교 역할도 했다. 무령왕이 자신의 재위 기간에 양梁나라에 국서를 보내 주창했던 '갱위강국'은 바로 웅진을 기반으로 쌓은 힘과 자신감의 표현이었을 것이다.

538년, 성왕 16년에 사비로 천도하면서 웅진은 국가 중심지로서 영광을 내려놓아야 했다. 하지만 그 뒤에도 웅진은 꾸준히 백제의 핵심 지역으로서 역할을 이어갔다. 특히 웅진기 왕성이었던 공산성은 백제의 북방성이자 유사시에 왕이 기거하는 피난성 역할도 했던 것으로 보인다.

지금은 더할 나위 없이 평화롭고 수려한 자태를 자랑하는 공산성이지만, 백제 역사에서 이곳의 의미는 '위기에 빠진 백제의 중흥을 이룰 수 있었던 희망의 성지'였다.

파란만장한 흔적, 공산성의 여러 이름

공산성의 역사적 중요성은 기록에서도 확인된다. 백제가 웅진에 도읍했을 때의 왕성으로 알려진 이곳은 사비로 천도한 이후에는 전략적 방어기지 역할을 수행했다. 백제의 동·서·남·북·중을 가리키는 다섯 방위에 세운 오방성五方城 중 북방성北方城으로 편제되어, 위로 고구려를 견제하고 수도 사비를 방어하는 역할을 담당했다. 또한 기록에 따르면 백제 무왕(재위 600~641)이 사비의 궁궐을 수리하는 약 5개월 동안 머물던 곳이자, 의자왕(재위 641~660)이 나·당 연합군의 침입 때 피란하여 마지막 항전을 한 곳도 공산성이었다.

백제가 멸망한 뒤 공산성에는 당나라가 설치한 웅진도독부가 자리했다. 이후 당나라를 몰아내고 난 뒤인 통일신라시대에는 웅천주의 치소로 이용되고, 고려시대부터 공산성이라 불렸다. 조선시대에는 충청감영과 중군영이 들어서기도 했다. 특히 1624년 이괄의 난을 피해 이곳에 머문 인조(재위 1623~49) 때부터는 쌍수산성이라 불리기도 했다. 1894년 이후에는 공산성 안에 민간인이 들어와 살면서 '성안마을'이 형성되었다. 이와 같이 역사의 문화층이 공산성에 차곡차곡 쌓이면서 이전의 자취는 땅속에 묻히거나 사라졌기에 발굴조사로 찾아낼 수 있는 웅진백제 왕궁의 자취는 매우 희미할 수밖에 없었다.

일제강점기에는 공산성에 대한 구체적인 조사는

일제강점기 당시 공산성을 촬영한 유리건판. 강변과 산 능선에 누각들 모습이 분명하다.
(©국립중앙박물관 소장 조선총독부박물관 유리건판)

이루어지지 않았다. 그러나 1980년 이후부터 공산성에 대해
조사한 결과, 공산성이 품고 있는 다양한 백제의 모습을
찾아낼 수 있었다. 지금까지 조사에서 확인한 백제의 유구로는
임류각터(1980, 이후 유적 뒤의 괄호에 나오는 숫자는 발굴 시기를
가리킨다)를 비롯해 추정 왕궁터(1985~86, 2014, 2019)와 광복루
광장(1989), 추정 왕궁터 북쪽의 건물터(1990), 서문터 주변 백제
건물터와 영은사 주변의 저장 구덩이(1991), 영은사 앞 백제
연못터(1993), 공북루 남쪽의 백제 왕궁 부속 건물터(2011~20)

등이 있다. 공산성 전체에 걸쳐서 평탄한 대지에는 모두 백제 건물터와 저장 구덩이, 연못터 등이 존재했다는 것을 확인할 수 있다.

이 밖에도 통일신라 건물터로는 영은사 앞 불상 출토 유구(1983~84), 추정 왕궁터 일대의 건물터(1985~86, 2014, 2019), 28칸 건물터(1988), 12각 건물터 2기(1990), 12칸 건물터(1991), 공북루 남쪽 건물터군(2011~20)이 있다. 주로 백제 건물터 위에 중복된 모습으로 확인되는데, 백제 때보다 규모가 컸던 듯하다. 이는 신라가 삼국을 통일한 후 공주에 웅천주의 치소를 만든 결과로 볼 수 있다.

조선시대 건물터는 장대터와 만하루터(1980), 만하루와 지당(1982), 암문(1983), 추정 왕궁터 일대의 건물터(1985~86, 2014, 2019), 중군영터(1987), 공북루 남쪽 건물터(2008~2016)에서 확인됐다. 이런 자취는 공산성 안에 충청감영과 중군영이 들어섰던 흔적으로 보인다. 조선 후기 죽당 신유가 쓴 〈호서순영중수기湖西巡營重修記〉에서 당시 공산성의 모습을 상상해볼 수 있다.

> "성의 동쪽은 월성산의 쌍봉이 우뚝 솟아 있어
> 골짜기는 깊고, 감영의 건물 절반은 낭떠러지에 걸쳐
> 있고, 집들은 마치 돌에 붙은 굴조개와 같다."

이와 같이 공산성 내에서 조사된 유구는 백제시대부터 조선시대까지 다양하다. 시기에 따라서 형성된 문화층의 위치와 규모에서 차이를 보이지만, 대부분 백제가 사용한 땅 위에 다시 통일신라가, 그리고 또 그 위에 조선이 역사의 층을 쌓아놓았다. 그 사이에 고려시대의 문화층은 확인되지 않지만, 고려시대에도 관아가 있었을 것으로 추정된다.

이처럼 모든 시대의 건물터 형상이 그대로 남아 있지 않아 구체적인 모습을 이해하기에는 많은 어려움이 있으나, 발굴조사를 통해 성벽의 구조와 성 내부에 존재했을 백제 왕궁과 관련 있는 건물터를 확인하고자 매우 진지하게 노력해왔다. 그 결과 얻어진 여러 증거를 종합해보면 공산성에 꽤 큰 규모의 백제 왕궁이 조성됐을 거라고 추측해볼 수 있다.

국가 위기의 순간에 철옹성과 같은 방어지로서 군사 요충지이자 백제 중흥의 토대가 됐던 곳, 웅진. 새로운 국제 질서 속 외교와 교역의 거점이 된 백제의 수도. 짧은 시기였지만, 그 사이에 피워 올린 강렬한 갱위강국의 의지가 빛나는 백제다움의 산실이었다. 이러한 공산성의 역사적 가치는 유적 발굴을 통해 오늘날 새롭게 부각되고 있다.

왕궁은 정말 공산성 안에 있었을까?

홍수 피해를 비껴간 높은 지대의 왕궁

유네스코UNESCO는 전 인류가 함께 보호하고 후세대에 물려주어야 할 '탁월한 보편적 가치'를 지닌 중요한 유산을 골라 '세계유산'으로 지정해왔다. 웅진백제의 왕성인 공산성은 지난 2015년에 공주의 '송산리 고분군', 부여의 '부소산성과 관북리 유적' '정림사터' '능산리 고분군' '부여 나성', 익산의 '왕궁리 유적'과 '미륵사터' 등과 함께 '백제역사유적지구'로 묶여 유네스코 세계유산에 등재되었다.

공산성이 유네스코 세계유산에 포함될 수 있었던 까닭은 무엇일까? 바로 성 안에 왕궁이 있었기 때문이다. 한반도는 물론 전 세계에도 산성은 헤아릴 수 없이 많지만, 왕궁이 들어섰던 공산성처럼 매력적인 사례는 찾아보기 어렵다. 왕궁의 위치와 구조에 관해서는 약간의 이견이 있지만, 백제가 웅진으로 천도한 이후 왕이 공산성에 머물렀다는 사실은 역사 기록에도 분명히 남아 있다.

"491년(동성왕 13) 6월, 웅천의 물이 넘쳐 수도의 200여
집이 떠내려가거나 물에 잠겼다. 7월에 기근이 들어
신라로 도망간 자가 600여 집에 이른다."
"497년(동성왕 19) 6월에도 큰비가 내려 민가가
떠내려가고 무너졌다."
"500년(동성왕 22) 봄에 임류각을 궁궐 동쪽에
세웠는데 높이가 다섯 장丈이었으며, 또 못을 파고
진기한 짐승을 길렀다."

《삼국사기》〈백제본기〉에 있는 동성왕 관련 위의 두 기록은
홍수로 인해 왕도 안의 가옥들이 피해를 입었다는 사실을
알려준다. 하지만 정작 왕궁이 입은 피해에 관해서는 언급이
없다. 이를 근거로 왕궁의 위치가 수해를 입지 않을 만큼
높은 지역에 있었다고 짐작할 수 있다. 1980년에는 공산성의
동쪽에 임류각터로 추정되는 건물터를 조사하면서 세 번째
기록에 근거해 임류각 서쪽의 추정 왕궁터에 대한 관심이 더욱
집중됐다.

공산성 안에 왕궁이 있었다고 보는 또 다른 이유는 바로
공산성 성벽에서 찾아볼 수 있다. 공산을 둘러싼 성벽의 둘레가
약 2,392미터이고, 내부 넓이도 20만 평방미터가 넘는다.
면적으로만 따지면 서울에 있는 경복궁의 절반 정도 넓이다.
'터가 너무 좁다.'라는 일부 의견도 있지만, 경복궁이 조선의

공산성 안에 복원된 임류각의 모습. (ⓒ문화재청)

다른 궁들에 비해 배 이상 큰 규모였다는 걸 감안하면 공산성이
결코 좁은 공간이라 할 수 없다. 게다가 한성백제의 왕성인
몽촌토성(둘레 2,383미터)과 사비백제의 왕성인 부소산성(둘레
2,200미터)의 규모 역시 약 20만 평방미터 가까이 된다는
점을 고려하면, 공산성을 포함한 백제의 왕성이 모두 규모가
비슷하다는 점도 주목할 만하다.

　　그러나 공산성과 주변 일대는 '백제 웅진도읍기 왕성으로서
백제의 많은 역사를 품고 있음에도 불구하고 조선시대의 옷을
입고 있는' 것과 같은 상태로, 왕궁의 위치와 구조를 비롯해
백제에 관한 정보를 구체적으로 알기 어렵기 때문에 발굴조사와
더불어 지속적인 분석 연구가 필요하다.

항공사진으로 공산성 내 추정 왕궁터의 위치를 찍었다. (ⓒ공주대학교박물관)

공산성은 토성인가, 석성인가?

일반적으로 백제의 왕성은 토성으로 확인된다. 한성백제의
왕성인 풍납토성과 몽촌토성도 그렇고, 사비백제의 왕성인
부소산성도 토성으로 알려져 있다. 따라서 많은 연구자가
공산성도 흙을 쌓아서 만든 토성일 거라 생각했다.

그런데 공산성은 동쪽 성벽 구간 일부를 제외하면 모두
조선시대 이후에 돌로 만든 성벽이어서 웅진백제기의 성벽을
조사하기가 사실상 매우 어려운 상태였다. 따라서 이에 관한
조사는 주로 제한된 범위에서 학술조사나 붕괴된 성벽 구간에
대한 보존 조치를 하는 과정에서 이루어졌다.

공산성의 성벽 건축에 관해서는《삼국사기》의 성왕 관련 기록에서 찾을 수 있다.

"526년(성왕 4) 겨울 10월에 웅진성을 수리하고 사정책沙井柵을 세웠다."

웅진 천도 초창기의 공산성 축조에 관한 기록은 없으나, 《삼국사기》에 486년(동성왕 8) 7월에 우두성을 쌓고 490년(동성왕 12)에 사현성과 이산성을 쌓은 기록으로 보아 동성왕 대에 이미 왕성인 공산성을 쌓았다고 보고 있다. 성왕 대에는 웅진성의 성벽을 수리하는 과정에서 규모가 축소되거나 부분적으로 다시 건축된 것으로 보인다.

백제 성벽에 관해서는 1980년 만하루 건물터를 조사하는 동안 백제시대 지층으로 추정되는 깊이에서 흙으로 쌓은 흔적을 찾아낸 바 있는데, 이를 성벽으로 추정했다. 그리고 1987년과 1988년에 조사된 동쪽 성벽 구간에서 흙으로 만든 성벽을 확인했고, 2014년에 조사된 동쪽 성벽 구간에서는 돌로 쌓은 성벽도 확인됐다. 발굴 시 백제의 성벽이 토성이 아니라는 점에 주목했으나, 안타깝게도 제한된 범위에서 조사할 수밖에 없어 정확한 개축 시기는 알 수 없었다.

1993년에는 영은사와 만하루 사이에 있는 백제시대 연못을 조사하는 과정에서 연못에 연결된 석성이 백제의 동북쪽

①은 백제시대 토성을 복원한 모습, ②는 백제시대의 석성이 발굴조사를 통해 드러난 모습이다. (ⓒ공주대학교박물관)

성벽의 안쪽 벽면이라는 사실을 알아냈다. 2009년과 2013년, 2014년에는 공산성의 북쪽 성벽을 조사하면서 저지대를 안전하게 성토한 후, 안팎으로 모두 돌을 쌓아서 만들었음을 확인했다. 특히 영은사 구간과 공북루 구간은 골짜기에 지반을 다지고 성벽을 쌓았는데, 모두 돌을 이용해서 안정성을 도모한 것으로 보였다.

현재까지 공산성 안에서 흙을 쌓아 만든 백제 성벽은 제대로 확인되지 않았으나, 돌을 이용해서 쌓은 성벽은 확인되었다. 그리고 526년(성왕 4)에 웅진성을 수리한 기록에서 알 수 있듯이 성벽을 처음 세운 이후 지속해서 개축과 보수가 이루어졌다. 처음에 웅진성을 만들었을 때는 현재의 동쪽 성벽 구간까지 모두 포함해 길이가 2,392미터였으나, 이후 동쪽 성벽을 축소해 2,162미터 내외로 줄어들고, 지형에 따라서 토성과 석성이 함께 어우러지는 모습을 볼 수 있다. 특히 기록에서 확인된 526년의 수리 과정에서 상당 구간의 성벽에 석재를 사용했을 가능성이 매우 높다.

왕궁은 어느 자리에 있었을까?

공산성 내 왕궁을 찾기 위해 제일 먼저 백제 건물터를 조사했다. 1980년에 처음 발굴조사를 한 곳에서는 '류流' 자가 새겨진 기와 조각을 발견하면서 '임류각'의 존재를 추론하게 됐다. 이후 임류각터로 추정한 건물터의 서쪽에서 왕궁의 존재를 찾고자 조사를 시작했다. 그것이 바로 1985~86년 공산 정상부에 있는 쌍수정 일대의 추정 왕궁터에 대한 발굴조사다.

우리나라 고대 유적은 대부분 땅속에 묻힌 상태로 남아 있어 훼손됐거나 지상의 구조를 확인할 수 없는 곳이 많다. 특히 쌍수정 일대는 일제강점기에 말을 기르던 마장과 운동장으로 사용됐고, 1960년대에는 전국 사이클 대회가 열렸을 정도로 넓고 평평한 대지다. 따라서 다른 지역보다 지속해서 사용되면서 훼손이 심해졌다. 1986~87년 발굴조사에서 확인된 유구는 대부분 지표면에서 10~20센티미터 내외의 깊이에서 백제~조선시대 건물터가 여러 차례 중복된 상태였다. 하지만 2019년 조사에서는 추정 왕궁터 동쪽의 진입부에서 대궐大闕의 문으로 추정되는 시설을 조사하면서 왕궁터의 존재를 구체화할 수 있게 됐다.

1986년 쌍수정 앞에 위치한 왕궁터 발굴조사가 완료된 이후의 모습이다. 화면 오른쪽 위로는 아직 성안마을이 그대로 남아 있는 것을 확인할 수 있다. (ⓒ문화재청)

　　추정 왕궁터에서 조사된 건물터는 네모난 모양의 구덩이가 동서 방향으로 2열을 이루어 나란히 30미터 이상 설치되어, 긴 회랑과 같은 형태가 북쪽과 남쪽 대지의 공간을 구분하면서 동쪽의 출입 시설에 이른다. 북쪽 대지에는 쌍수정의 높은 대臺를 중심으로 계단상의 대지를 만들어 동향으로 건물을 배치했다. 남쪽 대지에는 원형의 연못터, 그리고 저장 구덩이가 집중된 구역과 건물터가 집중된 구역으로 구분되는데, 건물터 관련 기둥 구멍의 개수를 고려하면 꽤 많은 수의 건물이 있었던 것으로 추정된다. 왕궁터의 동쪽에는 출입 시설이 있는데, 좌우에 각각 길이 50미터, 너비 30미터 내외의 대규모 토목공사를 통해 흙을 쌓아올린 토축 시설이 확인되었다. 높이 쌓아올린 토축 시설은 궐闕과 같은 형태로 왕궁에 오르는 출입 시설로 볼 수 있다.

　일반적으로 왕이 사는 곳을 대궐이라고 하는데, '궐'은 궁문의 양 옆에 시설된 두 개의 높은 대를 말한다. 추정 왕궁터 동쪽 경사면에서 조사된 시설은 궐의 형태로 보기에 부족함이 없다. 현재 추정 왕궁터를 오르는 북쪽으로 치우친 길은 1932년에 공산성 관람도로를 만들면서 새로 만들었다. 따라서 공산성의 남문인 진남루로 들어가서 서쪽으로 높이 솟아 있는 추정 왕궁터를 한번 바라본다면, 웅장하게 자리하고 있는 웅진백제의 왕궁 모습을 상상해볼 수 있을 것이다.

절과 사당, 왕궁과 관청에만 사용한 기와

왕궁터에서 조사된 건물터는 크기도 크기지만, 많은 양의 기와 조각과 연꽃무늬 수막새가 출토되면서 화제가 되었다. 연꽃무늬 수막새는 왕궁이나 사찰의 중요 건물과 같이 매우 제한적인 곳에만 사용되며, 기와지붕의 처마 부분을 아름답게 장식할 때 사용한다.

　중국의《구당서》〈동이열전〉'고구려조'에는 "오직 불사, 신묘, 왕궁, 관부만이 기와를 쓴다."라고 기록되어 있다. 삼국시대에는 절과 사당, 관청과 함께 왕궁에만 기와를 사용할 수 있었던 것이다. 따라서 공산성 내에서 많은 양의 기와와 수막새를 사용한 건물의 존재는 단순한 건물이 아니라 왕궁이나

공산성 왕궁터 남쪽에 위치한 연못에서 백제 수막새가 막 노출된 모습. (ⓒ공주대학교박물관)

왕과 관련이 있는 권위 있는 건물이었음을 쉽게 추측할 수 있다.
공산성의 곳곳에서 조사된 상당수 건물터가 기와지붕을 올리고
처마의 끝부분을 수막새로 아름답게 장식한 모습을 상상한다면,
웅진백제기에 지어진 왕궁의 멋진 위용을 짐작하기가 어렵지
않을 것이다.

그런데 여기서 한 가지 더 짚고 넘어가야 할 점이 있다.
궁궐을 지을 때는 왕과 관련된 건물만 달랑 짓고 끝나는 것이
아니다. 그보다 훨씬 많은 건물이 필요하다. 왕과 왕비, 그리고
왕족의 생활공간과 더불어 시중을 드는 사람들의 공간 등 왕궁과
가까운 곳에 오늘날로 치면 각종 관청들이 들어서야 한다. 그런
관점에서 보자면, 추정 왕궁터와 더불어 공산성 전체에 넓게
분포한 백제 건물터와 저장 구덩이, 연못 등의 다양한 시설에
관해서 유기적인 관계로 이해할 필요가 있다.

웅진백제기의 관등제를 구체적으로 알기는 어렵지만, 사비로 천도한 성왕은 자신의 재위 기간에 관등제와 중앙 조직, 지방 제도를 대대적으로 정비했다. 바로 왕궁과 왕실 관련 업무를 수행하는 내관 12부와 일반 행정 업무를 담당하는 외관 10부로 구성된 22부사를 설치했는데, 이와 같은 제도는 일시에 수립한 것이 아니라 웅진백제기부터 오랜 기간에 걸쳐 순차적으로 정비됐을 것이다. 따라서 공산성 내에 이와 같은 백제 왕궁과 중요 관청 시설이 존재했을 가능성을 살필 수 있다.

이와 관련해서는 공북루 남쪽 대지에서 조사된 왕궁 부속 건물터군을 주목해보자. 공산성 내에서 가장 넓은 평탄지지만 저지대이기 때문에 흙을 다지고 치밀하게 지반을 고르는 작업을 통해 대지를 조성한 곳이다. 백제의 웅진 천도 이후에 조성된 약 70여 동의 벽주 건물터를 비롯한 웅진-사비 도읍기의 건물터, 공방으로 추정되는 건물터(공방터), 저수지, 연못, 나무 판재를 이용한 창고 시설과 원형의 구덩이로 이루어진 창고 시설, 도로, 배수로, 축대 등이 대단위 구역으로 구성되어 있다. 특히 골짜기를 포함하는 저지대의 중앙을 동서 방향으로 가로지르는 축대를 쌓고 대지를 조성하면서 인위적이고 계획적인 대단위 공간 구획을 하고 있어서 백제의 발달된 토목건축 기술도 확인할 수 있다.

넓게 조성한 대지에는 남북 방향으로 6미터 너비의 도로와 동서 방향으로 3미터 너비의 도로가 구획되고, 그

길을 따라 네모반듯한 건물터가 나란히 줄지어 배치된 모습을
확인할 수 있었다. 건물터는 4~5동이 일정한 구획을 이루어
자리하는데, 각각의 구획은 계단상의 축대 혹은 3미터 너비의
도로나 배수로로 구분됐다. 인위적으로 넓은 택지를 조성한
후에 계획적으로 건물을 배치한 형태이기 때문에 일반인의
생활공간으로 보기는 어렵다.

　　벽주 건물터는 웅진 천도 당시 지상화된 생활면을 갖춘
네모난 평면의 건물터로, 웅진-사비 도읍기의 대표적인 지상
건물 형태다. 이후 돌로 건물의 기초가 되는 기단을 쌓은 사비기

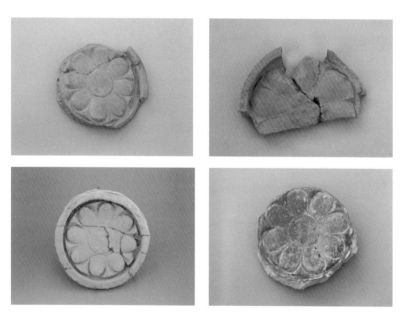

추정 왕궁터에서 출토된 백제 연꽃무늬 수막새들. 당시에 기와는 왕실이나 특권층, 사원 등에서만
사용할 수 있는 특별한 물건이었다. (ⓒ공주대학교박물관)

건물터가 중복되기도 하는데, 이런 모습은 백제 한성기에서
웅진기를 지나 사비기에 이르는 백제의 건축 문화 변천 과정을
단계적으로 파악할 수 있는 중요한 자료를 제공해준다.

그러나 아쉽게도 고고학적인 조사만으로 공산성 내
웅진백제기 왕궁의 모습을 구체화하기에는 한계가 있다.
문헌으로라도 비교할 만한 증거가 있으면 퍼즐을 정확하게 맞출
수 있지만, 477년(문주왕 3) 2월과 486년(동성왕 8) 7월에 궁실을
보수했다는 《삼국사기》의 기록을 제외하면 구체적인 내용이
확인되지 않는다. 하지만 수많은 백제 기와와 수막새, 토기를
비롯한 다양한 유물이 출토됐으므로 백제 왕궁이 존재했다는
것만큼은 틀림없는 사실이다.

백제의 최후를 함께한 공간, 공산성

행운을 낳은 오해

"이제 그만 파자!"

발굴조사팀장은 손을 들어 발굴을 그만 접자고 수신호를 보냈다. 때는 2005년, 발굴팀은 공산성 내의 공북루 남쪽 저지대를 시굴 조사하고 있었다. 이곳에 백제 문화층이 존재하는지 확인하기 위해서였다. 공산성 내에서 가장 넓은 골짜기인 이곳은 비가 오면 물줄기가 모여드는 곳이기도 했다. 따라서 유적이 남아 있을 가능성은 그리 높지 않았다. 특히 이곳은 '성안마을'이라는 지명에서 알 수 있듯이 19세기에 마을이 조성되면서 지속해서 개간했던 곳이다. 그래서 공주시는 성안마을에 백제 역사 민속촌을 만들 계획을 세웠고, 주민들이 공산성 밖으로 이주할 수 있도록 도왔다. 인위적으로 할 수 없는 작업이었으므로 이주를 마치는 데 무려 6년이나 걸렸다.

2005년 조사 당시 지표면에서 3미터 깊이까지는 대부분 훼손된 상태였다. 그리고 5미터 깊이까지도 모래층이 두껍게 남아 있어서 안전을 고려해 더는 조사를 진행할 수 없었다. 발굴조사팀장은 큰 물길로 아래쪽의 백제 문화층이 모두 훼손됐으리라 판단해 일단 조사를 멈추기로 결정했다.

그런데 발굴조사팀장의 '그만 파자.'라는 수신호가 너무 커서 '깊이 파라.'라는 수신호처럼 전달되었다. 수신호를 잘못 이해한 굴삭기 기사는 1미터가량 깊이의 흙을 단번에 훅 파내고 말았다. 그 순간, 바닥 깊숙이 파낸 흙 속에서 다수의 백제 토기 조각과 기와 조각, 철기류, 밤 껍데기와 당시의 주요 먹거리인 탄화미, 소라, 굴, 조개껍데기 등이 함께 출토되었다. 환희의 순간이었다. 모두 훼손되어 남아 있지 않다고 포기하려던 찰나에 백제 문화층이 살아 있음을 확인한 것이다. 어긋난 수신호가 깊이 잠든 백제를 일깨우는 신호가 됐다.

하지만 백제층에 대한 발굴조사는 2011년에야 시작할 수 있었다. 위쪽의 조선시대 문화층을 먼저 조사한 뒤, 그 아래쪽의 백제 문화층을 조사해야 했기 때문이다. 당시 발굴조사된 문화층은 백제 멸망기의 건물터와 다양한 유구였는데, 폐기된 기와더미는 불에 탄 것이었고 그 사이에 많은 양의 화살촉이 섞여 있었다. 전쟁의 흔적이었다. 660년에 나·당 연합군이 물밀듯이 몰려오자 백제 의자왕은 공산성으로 몸을 피했다. 공산성으로 물러난 의자왕은 패전을 예감하며 무기력하게 항복한 것이 아니라 최대한 힘을 모아 끝까지 저항했다. 기록에 남지 못한 역사의 모습을 발굴조사를 통해서 확인할 수 있었다.

①은 1990년대 초 성안마을 모습. ②는 2011년 성안마을 백제 유적 발굴조사 작업
당시의 모습이다. (ⓒ공주대학교박물관)

7세기의 실물 갑옷을 발견하다

화재나 의도적인 폐기 흔적 등 멸망기의 혼란이 그대로 남은 듯한 백제 건물터 사이에서 네모반듯한 저수 시설이 눈길을 끌었다. 이 저수 시설 안에서는 말갑옷-무기-사람 갑옷으로 이루어진 '무장갖춤' 2세트가 출토되었다. 특이한 부분은 그 무장갖춤 위에 마치 무언가를 숨기려 했던 것처럼 짚단이 수북이 덮여 있었다는 점이다. 그리고 그 짚단 위로 화재 흔적이 있는 백제 기와 폐기층이 흘러들어가 있었다. 이 저수 시설은 바닥으로 갈수록 경사를 이루며 좁아지다가 바닥에서 약 80센티미터 정도 높이까지는 수직에 가깝게 만들어져 있었다.

전체 규모는 동서 길이 1,100센티미터, 남북 너비 970센티미터이고, 깊이는 330센티미터이다. 저수 시설의 바닥도 동서 방향으로 길쭉한 형태인데, 바닥면은 점토로 다져서 마무리한 것으로 확인되었다. 저수 시설의 안쪽 벽면에 나무 말뚝을 박은 후 그 사이를 잔가지로 촘촘히 엮음으로써 점토층의 유실을 방지했다. 이러한 모습은 2011년 조사 당시 동쪽 절반을 조사하고 2014년에 서쪽 절반을 조사한 끝에 파악할 수 있었다.

저수 시설 내부에서는 다양한 토기류와 철기류, 목기와 목공구가 출토되었을 뿐 아니라, 탄화미, 조, 밤, 도토리, 소라, 굴, 조개껍데기 등 백제시대 먹거리가 다수 발견되었다. 특히 저수 시설 내부에서 출토된 갑옷류가 주목을 끌었다. 저수지 중앙의 동쪽에서는 옻칠 갑옷과 큰칼, 장식칼, 말의 얼굴 부분을 감싸는 도구인 마면주馬面冑, 옻칠 마갑馬甲이 세트를 이루어 출토되었다. 또한 저수 시설 중앙에서 약간 서쪽으로 치우친 지역에서는 온전한 모양의 철제 갑옷, 옻칠 마갑, 철제 마면주, 말안장에 연결하는 깃대꽂이, 말에 매다는 방울과 함께 큰칼과 장식칼, 다량의 화살촉, 도둑이나 적을 막기 위해 흩뿌리는 끝이 뾰족한 마름쇠인 철모鐵牟, 각종 철판 등이 출토됐다.

전투에 사용한 흔적이 발견되지 않은 이 옻칠 갑옷에는 "○○행정관십구(○○行貞觀十九)", "년사월이십일일(年四月卄一日)" 등의 글자가 새겨진 소찰이 붙어 있었다. 당 태종의 연호 '정관貞觀' 19년은 645년(의자왕 5)을 가리킨다. 이로써 이 갑옷은 동아시아 지역에서 최초로 발견된 7세기 실물 갑옷이라는 사실이 밝혀진 것이다.

2011년에 옻칠 갑옷의 명문이 공개된 이후 갑옷의 주인공이 백제 사람인지 당나라 사람인지에 관한 논란이 있었다. 이 문제를 풀기 위해 당나라의 고구려 원정에 백제가 당 태종의 갑옷을 만들어 진상했다는 《삼국사기》의 내용을 주목해보자.

> "645년(의자왕 5)에 당나라에 금색 칠을 한 갑옷과 검은 쇠로 무늬를 놓은 갑옷을 만들어 보냈다. 이 황금칠 갑옷을 당나라 군사들이 입었고, 당 태종과 당나라 장수인 이세적을 만났는데 갑옷의 광채가 빛났다."

①	
②	④
③	⑤

①은 2011년 성안마을 백제 유적 발굴조사 작업 모습. ②와 ③은 성안마을 저수
시설에서 명문이 확인된 갑옷이 노출된 상태다. ④는 그 갑옷에서 확인된 명문이다.
⑤는 저수 시설에서 발견된 그릇과 생활도구 그리고 백제인의 먹거리 등이다.
(ⓒ공주대학교박물관)

역사의 보물창고 백제왕도 공주

이 사료 외에도 백제에는 무왕 시절에도 다양한 종류의 갑옷을 당나라에 보냈다는 기록이 있어 백제의 갑옷 제작 기술이 뛰어났다는 점 또한 확인할 수 있다. 이런 점에서 공산성에서 출토된 갑옷은 백제에서 만들었을 가능성이 높다. 그렇기 때문에 저수 시설에 묻혀 있던 갑옷은 중국과 외교 관계에 활용됐던 기념비적인 갑옷일 것으로 조심스럽게 추측한다.

그런데 이런 고급 무장구武裝具가 무덤이나 건물터가 아닌 저수 시설에서 발굴된 이유는 과연 무엇일까? 백제 유적에서 그 형태가 구체적으로 알려진 바 없는 옻칠 갑옷과 마갑이 하나의 세트를 이루며, 큰칼, 장식칼, 마면주, 철제 갑옷 등 전체적으로 품격 높은 갖춤새를 드러내는 유물이 출토된 사례는 찾아볼 수 없다. 이런 귀한 유물이 어쩌다 저수 시설에 남겨졌을까?

그 해답은 유물의 출토 정황에서 찾을 수 있다. 발견 당시 저수 시설의 맨 아래층에 옻칠 마갑이 놓여 있었고, 그 위에 작은 쇳조각을 이어 붙여 만든 갑옷인 철제 찰갑札甲과 큰칼, 장식칼, 마면주 등의 철제 무장구와 위쪽에 옻칠 갑옷이 나란히 포개지듯이 놓여 있었다. 그리고 옻칠 갑옷의 위쪽에는 볏짚과 같은 유기물질이 70~100센티미터 내외의 두께로 두껍게 쌓여 있었다. 다시 그 위에는 화재의 흔적과 함께 폐기된 기와더미가 쏠리듯이 쌓여 있었다. 다시 말해서, 제일 아래부터 옻칠 마갑-철제 갑옷-철제 무장구-옻칠 갑옷의 순으로 묻고 볏짚과 같은 것으로 숨기려 했던 것으로 추정된다. 이로 미루어볼 때 당시

	②
①	③
④	

성안마을 저수 시설에서 출토된 다양한 철제 유물들. ①은 장식된 칼 ②는 마면주로 말을 화살로부터 보호하기 위하여 말의 이마나 얼굴에 씌우던 물건이다. ③은 쇠로 만든 갑옷 ④는 전쟁의 긴박함을 전하는 화살촉 유물들이다. (ⓒ공주대학교박물관)

상황이 매우 절박했었음을 짐작할 수 있다.

역사의 공백을 메우는 고고학의 매력

여기서 잠깐 백제 최후의 역사 이야기로 넘어가보면 이해에
도움이 될 듯하다. 사람들은 백제 멸망을 이야기할 때 십중팔구
의자왕과 낙화암의 삼천 궁녀 전설을 떠올린다. 그도 그럴 것이
매우 드라마틱한 이야기이기도 하고, 백제를 멸망으로 이끈 왕의
비참한 최후와도 그럭저럭 잘 어울리기 때문이다. 하지만 이는
승자들이 왜곡한 역사이거나 과도한 창작이 더해졌다는 사실을
명심할 필요가 있다.

　　실제로 의자왕은 세간에 떠도는 이야기처럼
향락에만 심취한 암군暗君이 아니었다. 오히려 초창기에는
'해동증자海東曾子'로 기록될 정도로 인품 있는 왕이었다. 재위
기간에 몇 가지 중대한 실책을 저지른 것은 분명한 사실이지만,
스스로 나라를 망쳐버릴 정도는 아니었다. 나·당 연합군의
막강한 침공에 군사력으로 중과부적이어서 멸망기의 왕으로
기록됐을 뿐이다.

　　게다가 역사 기록을 살펴보면, 의자왕은 나·당 연합군이
백제를 공격해올 때 공산성으로 옮겨 끝까지 저항하다가
붙잡혔다. 이는 사비성보다 공산성이 적군 방어에 유리했기
때문이다. 마지막 순간까지 전략적으로 판단했다는 뜻이다.
《삼국사기》에는 "당나라 군사가 승세를 타고 성에 다가서자

공산성 추정 왕궁터의 모습. 쌍수정 아래편에 위치해 있다. 웅진 시기 백제 왕궁의 중요 시설이 있던 곳으로 추정하고 있다. (ⓒ충청남도역사문화연구원)

마침내 태자 효와 함께 북쪽 변경으로 갔다."라는 내용이 실려 있는데, 여기서 말하는 북쪽 변경이 바로 공산성이다.

이런 연유로 학계에서는 저수 시설에서 발견한 옻칠 갑옷이 큰 전투를 앞두고 일종의 의례를 지내며 땅에 묻은 것으로 추정하기도 했다. 나라가 멸망하기 직전의 급박한 상황에서 나라를 구하고자 하는 염원을 담아 갑옷과 마구류를 이용하여 제의를 지냈다는 이야기다. 이 부분에 관해서는 연구와 발굴조사가 더 필요하다.

역사에는 아직도 수많은 공백이 남아 있다. 고고학은 다른 학문들과 함께 그 공백을 밝히며 역사의 진실에 다가서는

학문이다. 유물을 통해 그 공백을, 역사의 순간순간을 하나씩
맞춰가는 것이다.

　　공산성은 백제 중흥의 거점이었고, 왕도가 사비로 옮겨간
후에는 꺼져가는 백제의 불씨를 마지막까지 불태웠던 역사의
현장이었다. 공산성이 백제의 역사를 통틀어 얼마나 중요한
장소였는지, 땅속에 묻혀 있던 유물들이 조용히 일러주고 있다.

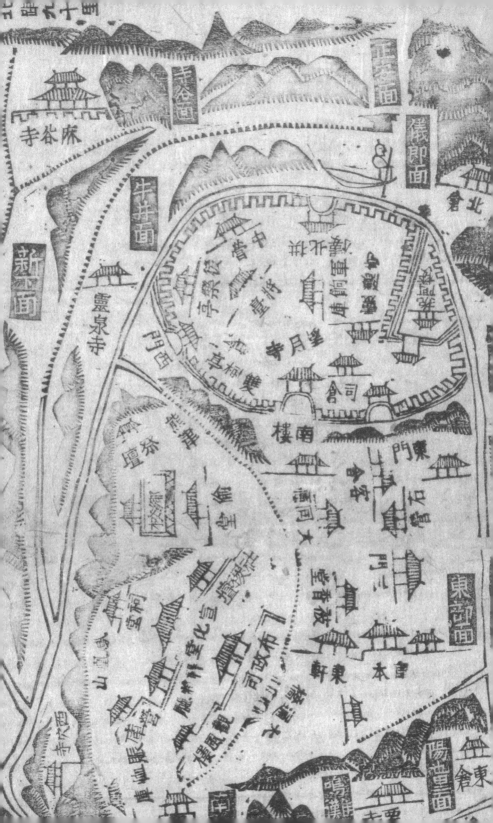

언제나 희망의 장소, 공산성

백제 이후로도 늠름하게

백제 멸망 이후 공산성은 웅진도독부의 치소, 통일신라에
들어서서는 웅천주의 치소 역할을 했다. 특히 삼국을 통일한
신라가 685년 전국의 지방행정구역을 9주 5소경으로
새롭게 정리하면서 지금의 공주인 웅주熊州가 행정 중심지로
선택되었다. 웅천주의 치소로 자리하면서 오늘날의 충남 지역에
해당하는 13개 군 29개 현의 관내를 통합했다. 따라서 지금까지
공산성 안에서 발굴조사된 많은 건물터 가운데 통일신라시대의
것으로 추정되는 건물터는 대부분 웅천주의 치소 역할을 하던
시기에 지어진 것으로 볼 수 있다.

　발굴조사에서 확인된 통일신라 건물터는 주로 높은 지대에
자리하고 있거나 백제의 건물터 위로 100~200센티미터 정도
흙을 메꾼 후 지은 것들이었다. 이 과정에서 백제시대의 유적이
많이 훼손됐다. 또한 백제 건물터와 달리 통일신라 건물터는
돌을 이용하여 주춧기둥과 초석을 단단하게 올려놓은 후
건물을 지었기 때문에 현재까지 그 흔적이 잘 남아 있는 상태다.

대표적인 건물터로는 28칸의 대형 건물터와 평면이 원형에 가까운 12각 건물터 등이 있다. 아마도 백제를 멸망시킨 후, 공산성 안에 대형 건물을 많이 세워서 신라의 힘을 과시하고자 했던 것이 아닐까 생각된다.

웅천주를 무대로 활동한 통일신라시대의 인물 중에서 가장 두드러지는 사람은 공산성을 근거지로 하여 반란을 일으킨 김헌창이다. 무열왕의 7대손인 김헌창은 821년(헌덕왕 3) 4월 현재 경남 진주에 해당하는 청주도독에서 웅천주도독으로 옮겨와 이듬해인 822년 3월 선덕왕 사망 후 왕위 계승 문제로 반란을 일으켰다. 웅천주의 치소로 활용된 공산성을 근거지로 삼아 새로운 왕조를 세우려는 야망을 품고 반란을 일으켰지만 끝내 꿈을 이루지 못했다. 공산성 내 통일신라 건물터에서 수습된 철제 창과 화살촉에서 당시 반란 상황을 짐작해볼 수 있다.

임진왜란 이후 공산성은 다시 행정의 거점이 되었지만 1603년 공산성에 충청감영을 세운 후 1년이 채 되기도 전에 입지상 불편함을 이유로 공산성 밖으로 충청감영을 이전했다. 이후 1645년 12월 충청감사로 부임한 임담이 1646년 4월에 지금의 논산 북쪽, 이산현尼山縣에서 안익신, 유탁 등의 반란을 진압하면서, 1646년 7월에 방어 시설이 있는 공산성 안으로 황급히 감영을 옮긴다. 이후 1653년 다시 감영터를 구영으로 옮기기까지 8년여 동안 공산성 내에 충청감영이 자리했다.

그러나 감영이 공산성 안에 있는 기간에는 "정무를 보는 관청에서 산성까지 거리가 5리(약 2킬로미터)나 떨어져 있고, 충청감사가 직무를 보던 관아에 이르는 성 안팎의 길 또한 험하고 가팔라서 교령을 받들고 물품을 공급하기가 어려울 뿐만 아니라, 여러 고을에서 공문서를 갖고 관아에 찾아오는 자가 몸을 의탁할 주막이 없어 배가 고파도 먹을 수 없고 추위도 감쌀 수 없으니 감영의 관원들과 각 고을 사령의 불만이 대단하였다. 모두가 순영의 복원을 바라고 있었다."라고 전할 정도로 많은 불편함이 있었던 듯하다. 결국 공산성에 자리했던 감영은 다시 밖으로 이전하게 된다.

조선의 옷을 입은 공산성

공산성 내 조선시대 유적은 1603년 감영을 설치한 이후 1895년 칙령에 의해 전국의 산성과 군영이 폐지될 때까지 지속해서 활용했음을 알 수 있다. 발굴조사를 통해 조선시대 유적은 매우 광범위하게 확인됐지만 후대에도 계속 공간을 활용하는 과정에서 훼손되어 유적의 상태는 양호하지 못하다. 주목할 만한 점이 있다면 쌍수정 부근의 건물터와 성안마을 내 발굴조사를 통해 확인된 유적과 영은사 앞 '만하루터'로 크게 구분할 수 있다.

쌍수정 부근에서 조사된 조선시대 유구는 공산성 내부가 비교적 상세하게 기록된《여지도서輿地圖書》와

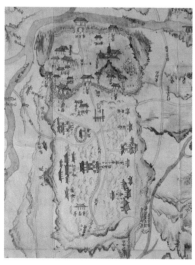

공주의 옛 지도들. ①은《공산지》에 실린 공주목 지도이고 ②는 1872년에 간행된 《공주목지도》다. (ⓒ규장각)

《충청도읍지忠淸道邑誌》(1776~1800), 그리고《공주목지도》를 참고하여 비교할 수 있다. 1760년경 간행된《여지도서》에는 쌍수정 부근의 건물터로 산성 군향고(군량 및 군자금 저장고) 122칸, 군기고 13칸이 기록되어 있고,《여지도서》와 《충청도읍지》에는 군영의 창고인 사창司倉이 표시되어 있다. 그리고 1872년(고종 9)에 작성된《공주목지도》에는 쌍수정 부근을 중심으로 군향고와 군기고, 비각이 자리했다고 표기되어 있는 것으로 보아, 쌍수정 부근에 군영의 중요 물자를 보관하는 창고와 같은 시설이 자리했을 가능성을 살필 수 있다.

공북루 일대의 성안마을에서 발굴조사한 유적은 중군영터

2010년 공북루 주변에서 발굴조사된 중군영 관련 유구 전경. (ⓒ공주대학교박물관)

관련 유구로, 1987년 조사를 통해 중군영 내 진남관터의 존재를
확인한 바 있다.《여지도서》에는 공산성 내 중군영의 연못
뒤편에 산성 진남관 8칸이 중군 처소로 기록되어 있다(당시
관찰사의 처소였던 선화당은 10칸으로 기록되어 있음). 발굴조사를 통해
정면 4칸, 측면 2칸의 남향 건물임을 확인해 이를 진남관터로
검토했다.

　　그리고 2008년부터 2010년에 이르기까지 3차례에 걸쳐
발굴조사를 했는데, 조선시대 건물터 40여 동, 공북루 옆의
월파당터 1동, 공산성의 북문인 공북루와 남문인 진남루를
연결하는 남북대로와 이 도로에서 중군영에 연결되는 중군로가

확인됐다. 도로의 존재는 1872년에 작성된《공주목지도》를
통해서도 확인할 수 있는데, 중앙의 공북루와 진남루를 연결하는
'남북대로'에서 북서쪽으로 갈라진 도로명이 '중군도'로
기록되어 그 존재를 비교할 수 있다.

　　이후 성안마을이라는 지명에서 알 수 있듯이 군영의 기능이
폐기된 이후 공주 갑부였던 김갑순에 의해 건물 일부가 주변으로
이전하고 민가 건물로 용도를 전환해 사용하기도 했다. 이후
중군영의 문루였던 광복루(문화재자료 제50호)는 일제강점기에
지금의 위치로 옮기고 웅심각으로 불렀는데, 1946년 4월 김구
선생과 이시영 선생이 와서 나라를 다시 찾았음을 기리고자
'광복'이란 이름을 붙여 누각 명칭을 광복루로 바꿨다.

　　이와 같이 백제 왕성이었던 공산성은 현재 '조선시대의
옷을 입고 있다.'라고 해도 과하지 않을 정도다. 성벽의 외형도
모두 조선시대 이후에 만들어진 모습이며, 성벽 이외의 유구도
동서남북 4면의 문터와 영은사 앞의 암문터, 만하루, 광복루,
명국삼장비, 쌍수정, 쌍수정사적비 등이 모두 조선시대 이후의
흔적이다.

피란길, 왕이 머물렀던 산성

공주와 공산성은 우리 역사의 급박한 순간에 여러 차례
등장하면서 주목을 끈다. 각각 백제와 고려, 조선의 왕들이
침략과 전쟁을 피해 잠시 공산성에 몸을 의탁했던 것이다. 백제

문주왕(475)과 고려 현종(1011), 조선 인조(1624)가 국가적 위기 사건을 맞아 공주에 내려와 피신했던 것이 역사에 기록되어 있다.

백제 문주왕의 웅진 천도는 공주를 역사의 전면에 기록하게 한 사건이지만, 공주로 내려오게 된 애초의 사연은 암울하다. 북진 정책을 폈던 호방한 개로왕이 강성한 대국이었던 고구려 장수왕의 침입에 전사하고 한성마저 함락당한 상태에서 왕이 된 문주왕이 475년 10월에 어쩔 수 없이 내려온 곳이 바로 공주였기 때문이다. 그러나 이후 백제가 다시 강성하여 무령왕 대 '다시 강국이 되었다'라고 중국에 천명할 정도로 성장했을 뿐만 아니라 538년(성왕 16)에 부여로 다시 천도할 수 있는 기반을 일구어낸 곳 또한 공주다.

고려시대에 공주가 역사적으로 주목받은 내용은 많지 않다. 그러나 고려의 제8대 임금 현종(재위 1009~31)이 거란족 침입으로 개경이 함락되자 나주까지 피난하는 과정에서 1011년 1월 7일, 그리고 상경 중의 2월 4일부터 6일간 공주에서 머물렀다. 당시 공주는 수도 개경과 남부 지방을 잇는 교통의 요지였는데, 현종이 개경에서 남쪽으로 피란하고 또 다시 올라가는 과정에서 공주를 거쳐간 것이다.

현종의 입장에서 거란족의 침입으로 인해 왕이 피란을 떠나야 하는 몽진은 매우 애통한 노릇이지만, 거란의 철군으로 다시 개경으로 환도하는 과정에서 공주 절도사 김은부의 세 딸을

왕비로 맞이한 일은 매우 희망적으로 기록될 만하다. 더욱이
현종의 왕비가 된 김은부의 딸 3인에게서 '덕종'과 '정종',
'문종'이 탄생해 고려 왕조의 왕통을 계승하게 되었으니 더욱
그러하다. 아쉽게도 공산성 안에서 조사된 고려시대 유적은 거의
없다.

난이 평정되었다는 소식을 들은 두 그루 나무

조선 제16대 임금 인조는 1624년 2월 '이괄의 난'을 피해 공주
공산성에 와서 6일 동안을 머물며 여러 자취를 남겼다. 당시의
내용을 상세하게 적은 쌍수정사적비에는 이괄의 반란과 인조의
남천에 대한 내력, 공산성에 머물렀던 5박 6일간의 행적, 그리고
왕이 머물렀던 공산성에 대한 모습들이 기록되어 있다. 특히
현재 쌍수정이 있는 곳은 공산성 내에서도 주변의 조망이 좋은
지역에 해당하는 곳으로, 인조가 이곳에서 난이 평정되었다는
소식을 듣고 앞에 있는 나무들에 통정대부의 작위를 내리기도 한
곳이다.

　　현재 두 그루의 나무(쌍수)는 죽어 옛 흔적을 찾아볼 수
없으나, 나무가 있던 그 자리에 이 옛터를 기념하기 위해 관찰사
이수항이 1734년(영조 10)에 세운 쌍수정이 있다. 인조가 공주를
찾은 계기는 반정으로 인한 피란이었지만, 이곳 공주에서 반정이
평정되었다는 희망의 소식을 듣고 다시 재기할 수 있었다.

　　일반적으로 임금이 도성을 버리고 몽진했던, 즉 피란을

공산성 내 쌍수정과 사적비 모습. (ⓒ문화재청)

갔던 상황은 자연인으로서의 불행은 말할 것도 없지만, 한
나라의 중심이 흔들린 사건이라는 점에서 그 안타까움과
비통함은 무엇으로도 견줄 수 없다. 그러나 이 세 번의 발걸음은
모두 국가 기강의 확립과 난의 평정이라는 희망과 회복의
역사적인 발걸음이 되었다는 것이 무엇보다 주목할 만한
내용이다.

　　이처럼 공산성은 시대를 초월해서 행정·군사·지리적으로
중요한 거점지 역할을 해왔다. 그 덕분에 오늘날까지 많은
역사적 기록과 유물·유적을 공산성에서 만나볼 수 있다. 현재
공산성은 우리나라의 사적 제12호이자 유네스코 세계유산으로

지정되어 있다. 공산성의 독특한 역사문화적 가치를 세계가 인정한 것이다.

　여러 시대의 역사가 중첩되고 몇 번이고 어두운 역사를 떨쳐낸 희망의 장소가 되었다는 점에서 공산성의 위치는 각별한 의미를 내포하고 있다. 공산성은 우리 역사의 여러 위기에 등장하며 희망을 잃지 않게 해주었다. 지금도 공산성을 찾는

금강 건너편에서 바라본 공산성. 가운데 아래가 공북루이다. (ⓒ충청남도역사문화연구원)

사람들에게 그 희망의 역사가 계속 전달되고 이어지고 있는 게
아닐까.

웅진백제 문화의 또 다른 이야기들

일본의 유물 중에는 백제와 왜의 활발한 교류와 왜에 미친 백제의 영향을
알려주는 것들이 많다. 나라의 호류지 금당에 모셔진 석가여래좌상도
그중 하나다. 아스카시대 조각을 대표하는 불상으로 일본 국보로
지정되어 있다. (촬영: 일본 심비쇼인審美書院, 1915년)

64년간 백제의 수도였던 공주에는 백제 왕도를 구성했던 핵심 유적
이 많이 남아 있다. 웅진도읍기 왕성이었던 공산성, 왕실과 지방 재
지세력의 안식처였던 송산리 고분군과 수촌리 고분군, 백제인의 의
식 세계를 엿볼 수 있는 정지산 유적과 금강 뱃길의 요충지였던 고

마나루, 백제 불교문화의 흔적이 남아 있는 대통사터 등이다. 이 유적을 통해 우리는 당시 백제의 공예와 토목 기술, 불교 건축 등을 이해할 수 있다.

백제 토기

(1) 세발토기

세발토기는 백제의 대표적인 토기로 잘 알려져 있다. 배신杯身이라 부르는 접시 형태의 둥근 바닥 부분 아래 짧은 다리가 3개 달려 있는 모습으로, 몽촌토성에서 다량 출토되면서 백제를 대표하는 토기로 인식되었다. 처음에는 접시 바닥 부분이 평평했으나, 점차 둥글게 바뀌고 뚜껑이 있는 것과 없는 것으로 나뉘었다. 웅진도읍기에 만들어진 정지산 유적에서는 뚜껑 있는 세발토기가 출토되었다. 사비도읍기에 들어서면 깊이가 얕아지는 반면 다리가 길어지는 형태를 보인다.

백제를 대표하는 세발토기 모습. ①은 정지산 유적지에서 출토된 세발토기다. ②는 풍납토성에서 출토된 것이고, ③은 부여에서 출토된 세발토기다. (ⓒ국립공주박물관)

(2) 곧은입짧은목항아리(직구단경호)

백제 토기 중 백제의 색채가 강하게 나타나는 유물이다. 한성백제기에 만들어진 곧은입짧은목항아리는 어깨 부분에 문양을 새겼지만, 웅진백제기에 들어서면 몸체가 더 둥글어지면서 어깨의 문양이 거의 사라진다.

①은 백제의 미감이 잘 드러나는 곧은입짧은목항아리 전체와 부분 모습. 한성백제 당시의 것이다. (ⓒ한성백제박물관) ②는 공주에서 출토된 곧은입짧은목항아리다. (ⓒ국립공주박물관)

일본에 전해진 백제 문화와 예술

백제는 일본(당시 야마토大和라 불리던 왜倭)과 일찍부터 긴밀한 관계를 맺었다. 불교를 처음 일본에 전해준 나라도 백제였다. 이 때문에 일본에 남아 있는 불교 문화유산에는 백제의 영향을 받은 것이 많다.

오사카에 있는 시텐노지四天王寺는 전형적인 백제의 1탑·1금당식 가람배치를 하고 있으며, 나라현에 있는 아스카데라飛鳥寺의 대불과 호류지法隆寺에 모신 석가여래좌상은 일본에 건너간 백제인의 후예 도리 불사가 제작한 것으로 알려져 있다. 또한 백제 보살상의 특징으로 보주를 들고 있는 모습을 말하는 '봉보주奉寶珠' 양식도 일본

불상에 많이 보인다. 이는 백제 불교공예기술이 일본에 전해졌음을 증명한다.

백제는 일본에 불교문화 외에도 다양한 것을 전해줬다. 일본 규슈의 구마모토현 에다후나야마江田船山 고분에서 발견된 금동제 관모를 비롯하여 금제 귀걸이, 금동 신발 등 다양한 유물은 백제 공예 기술의 영향을 받아 만들어진 것으로 알려져 있다.

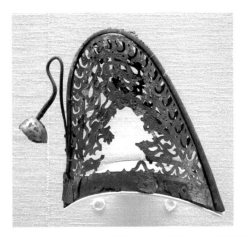

규슈 구마모토의 에다후나야마 고분에서 출토된 금동관으로 일본 국보다. 에다후나야마 고분은 5세기 후반에서 6세기 초에 축조된 것으로 추정되며, 금동관을 비롯해 껴묻거리들은 현재 도쿄국립박물관이 소장하고 있다. (ⓒ일본 도쿄국립박물관)

3장
무령왕, 백제의 중흥을 이끌다

정성껏 준비하고 정교하게 축조한 덕분에 무령왕릉은
내부가 훼손되지 않은 채 잘 보존될 수 있었다. 재료, 장비,
기술 등에 한계가 많았던 1,500년 전에 무령왕릉과 같이
완벽한 아름다움을 자랑하는 문화재를 만들었다는 것은
참으로 놀라운 일이다.

경주에 비견할 백제의 역사문화지구,
공주 송산리 고분군

고고학의 보물창고, 무덤

음택 또는 유택이라 불리는 무덤은 '죽은 자가 저승에 머무는 집'이다. 이런 까닭에 무덤은 어떤 이들에게는 조상에 대한 그리움과 추억이 가득한 곳이고, 또 어떤 이들에게는 신비롭고 경이로운 곳이기도 하다. 물론 죽음을 두려워하거나 죄 많은 이들에게는 무섭고 두려운 곳일지도 모른다.

그러나 고고학자에게 무덤은 그야말로 매력이 넘치는 보물창고 같은 곳이다. 세계 어느 곳에서든 문헌으로 결코 알 수 없는 옛 사람들의 삶의 모습을 무덤과 껴묻거리 등을 통해 밝혀낸 예는 그야말로 차고 넘친다. 무덤의 축조 양식과 사용된 재료는 당시 기술의 발전 정도를 가늠하는 척도가 된다. 또한 무덤 속의 껴묻거리를 통해서는 당시 사람들이 누렸던 일상적인 삶의 모습과 사회적 배경, 그 나라의 문화, 더 나아가서는 외국과 교류 관계까지도 유추해볼 수 있다. 이외에도 그 시대의 제례 풍습과 종교, 가치관 같은 정신세계까지 엿볼 수 있다.

이런 관점에서 보면 처음 1927년 조선총독부박물관에서 발굴조사한 송산리 고분군은 견줄 수 없는 매력과 가치를 지닌 유적이라고 할 수 있다. 한두 기도 아니고 여러 기의 고분이 발견되었는데, 여기서 확인된 무덤 양식은 한성백제기에 비해 독특한 모습을 보여 웅진백제기의 변화를 가늠하는 잣대가 되었다. 비록 도굴을 당해 많은 유물을 수습할 수는 없었지만, 백제의 역사를 밝혀줄 귀한 유물들을 찾아냈다. 당시 발굴팀은 송산리 고분군 발굴을 통해 이곳에 묻힌 사람들이 왕족이거나 지위가 높은 귀족이라고 추정할 수 있었다. 백제 역사의 새로운 장면과 그렇게 만나게 되었다.

우연히 세상에 알려진 송산리 고분군

> "공주의 향교 서쪽에 옛날 왕릉이 있는데, 백제의
> 왕릉이라고는 하지만 어떤 왕인지는 알 수 없다."

조선 전기의 지리서 《신증동국여지승람新增東國輿地勝覽》에 전하는 기록이다. 그래서일까? 공주 지역에 왕릉이 있다는 이야기는 일찌감치 널리 퍼져 있었다. 왕릉이 있다는 소문 덕분에 송산리 고분군은 1927년 처음으로 정식 조사를 시작해 공주 지역의 다른 문화재들보다 비교적 일찍 발견되었다.

고고학 이야기의 많은 경우처럼 송산리 고분군 발굴도 아주 우연한 사건에서 비롯되었다. 1920년대 중반까지 송산朱山은 그저 어디서나 쉽게 볼 수 있는 고만고만한 동네 야산에 불과했다. 하지만 1927년 3월, 봄이 되자 겨우내 얼었던 땅이 녹으면서 둔덕처럼 생긴 돌방(석실) 윗부분에 있던 돌이 빠지는 일이 벌어졌다.

평소에 송산 둔덕에서 놀던 아이들이 돌방의 돌이 갈라진 틈을 발견했다. 아이들은 그 안에 들어가서 봉분 안에 있던 물건, 즉 껴묻거리를 몇 개 집어다 고물상 등에 팔았다. 그러자 곧 소문이 사방으로 퍼졌고, 이 소식을 전해들은 공주군에서는 군수가 직접 고분을 조사해달라고 조선총독부박물관에 의뢰했다. 그리고 10월이 되어서야 발굴조사원이 현장에 도착해 산의 남쪽 능선에 펼쳐진 구릉 지역에 동서 방향으로 나란히 5기의 고분이 있다는 것을 확인했다. 그렇게 송산리 고분군이 세상에 등장했다.

이제껏 무성했던 소문(향교 서쪽에 옛날 왕릉이 있다!)이 사실로 판명나는 반가운 순간이었다. 그러나 곧 반가움은 안타까움으로 바뀌었다. 조선총독부박물관이 조사를 시작했을 때 무덤 안에서 신문과 양초, 성냥 등과 같은 물건들이 발견된 것이다. 공식 조사를 시작하기 불과 얼마 전에 누군가 이곳을 도굴했다는 증거였다. 누가 도굴했는지, 도굴로 유실된 문화재가 얼마나 되는지 아직도 확인할 길이 없다. 백제사의 실체를 밝힐 소중한

①
②

송산리 고분군을 밀리서 바라본 모습. ①은 여러 차례 발굴조사를 거친 후 새롭게 단장한 최근의 모습으로 2009년에 촬영한 것이다. (ⓒ국립공주박물관) ②는 일제강점기에 처음 송산리 고분을 발굴하던 무렵 촬영한 사진으로, 당시만 해도 야산과 고분이 잘 구분되지 않았음을 알 수 있다. (ⓒ국립중앙박물관 소장 조선총독부박물관 유리건판)

열쇠를 잃어버린 지극히 애석한 일이 아닐 수 없다.

　여기에 더 안타까운 일은 최초 공식 조사 이후 송산리 고분군에 대한 철저한 관리나 사후 조치를 시행하지 않았고 발굴 기록조차 제대로 남기지 않았다는 점이다. 이로써 조선총독부박물관의 발굴조사 때 5기의 고분이 존재한다고 보고했던 내용이 얼마 지나지 않아 4기의 고분으로 왜곡되고 만다. 당시 그 인근에 거주하고 있던 가루베 지온輕部慈恩이라는 인물이 개인적으로 이 고분을 다시 조사하고 4개의 봉분이 있다고 발표해버렸던 것이다. 그 바람에 현재의 1~4호분이 마치 정설인 것처럼 받아들여졌다. 조선총독부박물관의 조사를 기준으로 하면 현재의 1호분과 2호분 사이에 있는 약 3미터 정도 범위 어딘가에 무덤이 하나 더 있는 셈인데, 제대로 복원되지 않아 현재는 그 흔적이 남아 있지 않다. 이에 대한 확인 조사는 향후에 반드시 이루어져야 할 것이다.

가루베 지온, 발견자인가 훼손자인가?

송산리 고분군을 이야기하려면 빼놓을 수 없는 인물이 앞서 언급한 가루베 지온이다. 그는 당시 공주고등보통학교(현 공주고등학교)에 재직하던 일본어 교사였다. 그는 공주와 그 인근인 대전, 논산 등지에서 19년간 거주하며 개인적으로 백제의 유구와 유물을 다양하게 조사·연구했다.

　하지만 가루베 지온은 전문적인 발굴조사원이 아니었다.

따라서 문화재로 추정되는 곳을 임의로 발굴하거나 조사할
자격이 없었다. 그럼에도 불구하고 그는 공주 지역의 유적을
독단적으로 찾아다니고 조사하면서 많은 문제를 일으켰다.

가루베 지온은 조선총독부박물관이 시행한 송산리
고분군의 정식 조사에 참여하지 못했다. 하지만 그와 별도로
자신이 직접 다시 1~4호분을 조사했고, 그 결과를 논문
형식으로 발표했다. 이런 행위로 인해 앞서 밝혔듯 송산리
고분군에 대한 왜곡된 사실이 전파됐다. 심지어 어떤 문헌에서는
자신이 송산리 2호분을 가장 먼저 발견했다고 서술하기까지
했다.

하지만 가루베 지온이 저지른 진짜 문제는 이후 5~6호분의
발견과 조사 과정에서 나왔다. 앞서 1~4호분 발견 과정이
그랬던 것처럼 5호분과 6호분 역시 송산리 고분군을 사적지로
단장하는 과정에서 우연히 발견됐다. 1932년 10월에 충청남도는
공주를 경주와 같은 역사·문화 도시로 만들고자 송산리 고분군의
복원과 정비 작업을 시행했다. 특히 일반인이 1~4호분을
구경할 수 있도록 고분군에 참관로를 뚫는 작업을 진행했는데,
그러던 중에 5호분의 무덤 뚜껑돌이 발견됐고, 6호분은
배수구가 노출되면서 발견됐다. 결국 참관로는 현재의 모습과
같이 우회하는 방향으로 만들고 5호분과 6호분의 발굴조사를
시행하게 됐다.

그런데 6호분을 발굴하려고 담당자들이 무덤 안으로 들어간

| ① | ② | 송산리 6호분 내부에 그려진 사신도의 모습 중 일부. ①은 서벽에 그려진 백호 ②는 동벽에 그려진 청룡의 모습이다. (ⓒ국립중앙박물관 소장 조선총독부박물관 유리건판)

순간 황당한 장면이 펼쳐졌다. 무덤 안이 깨끗하게 비워져 있었고, 심지어 바닥에는 비질을 해서 치워낸 흔적까지 있었다. 누군가 독단으로 무덤을 파헤쳐 훼손하고 출토될 유물을 전부 챙겨갔을 뿐만 아니라 청소까지 해서 '증거 인멸'을 한 것이다.

나중에 알려진 사실이지만, 가루베 지온은 담당자들보다 앞서 배수구를 파고 6호분에 들어갔다. 심지어 그는 일본으로 돌아간 뒤 출판한 책에 자신이 6호분을 가장 먼저 발견했다는 내용을 수록하기도 했는데, 아무리 개인적인 호기심이 발동했다 하더라도 유적으로 추정되는 곳에 임의로 먼저 들어가서 조사하는 것은 있을 수 없는 일이다. 더구나 6호분의 정식 조사에서 무덤이 도굴된 상태임이 드러난 만큼 가루베 지온의 도굴 가능성에 대한 의심이 드는 것도 사실이다.

6호분은 무령왕릉 못지않게 중요한 무덤일 수도 있었다.
6호분은 송산리 고분군에서 발견된 다른 무덤들과 달리 벽돌로
지은 무덤이었기 때문이다. 무령왕릉과 같은 양식인 벽돌무덤은
백제가 중국 남조 양나라와 활발한 교류를 통해 영향을 받은
무덤 양식이다. 따라서 유물이 남아 있었더라면 백제와 중국의
관계에 대해 더 많은 사실을 알아낼 수도 있었을 것이다. 무덤에
쓰인 벽돌에 중국 남조의 양나라를 뜻하는 양梁이란 글자가
새겨져 있었기에 더욱 아쉬움이 남는다.

게다가 6호분의 무덤 내벽에는 다른 무덤에 없는 사신도가
그려져 있다. 무덤 안의 네 벽에 회를 발라 표면을 고르게 하고
동쪽에는 청룡, 서쪽에는 백호, 남쪽에는 주작, 북쪽에는 현무를
각각 그렸다. 남쪽의 주작 그림 옆에는 구름 모양과 해와 달
그림도 있었다. 이렇듯 다른 무덤에 없는 벽화를 그려 넣었다는
것은 무덤의 주인이 그만큼 특별한 사람이었다는 뜻이다. 그런데
무덤 안의 유물이 모두 사라졌으니 무덤의 주인에 관한 정보를
전혀 얻을 수 없게 된 것이다. 이는 우리 역사의 큰 손실이 아닐
수 없다.

그나마 한 가지 다행이라면, 가루베 지온이 무령왕릉을
발견하지 못했다는 점이다. 6호분을 발견했을 때 가루베 지온은
그 뒤에 봉긋 솟아 있던 무령왕릉의 봉분을 사신사상의 현무에
해당되는 곳에 인공으로 조성한 조산이라 생각했다고 본인 글에
기록했다. 가루베 지온의 오판으로 무령왕릉은 도굴의 위기에서

송산리 고분군의 6호분 입구 모습. (ⓒ문화재청)

벗어날 수 있었던 셈이다. 그리하여 약 40년 후에 완벽하게
보존된 무령왕릉을 우리 손으로 발견할 수 있었다. 무령왕릉의
발굴은 백제 역사의 진면모와 만나는 우리 고고학과 역사학의
가장 빛나는 성과 중 하나가 됐다.

무덤은 왜 그 시대의 흔적을 품고 있을까?

무덤마다 다른 건축 방식의 차이

송산리 고분군에서 발견된 고분들은 그 이후로 현재까지 잘 보존되고 있다. 현재 송산리 고분군은 사적지로 조성되어 누구나 산책을 겸해서 한 바퀴 둘러보고 무덤의 외형을 감상할 수 있게 해놓았다. 비록 송산리 고분군의 무덤 안으로 직접 들어가서 볼 수 없고, 상당수의 유물이 유실되거나 도굴된 것도 사실이지만, 따로 전시관을 마련해서 5~6호분의 내실 모형과 남은 문화재 등을 함께 전시해뒀기 때문에 간접적으로나마 무덤을 살펴볼 수 있다.

　여러 가지 재미있는 사실도 발견할 수 있다. 우선 5호분과 6호분은 숫자로는 붙어 있지만, 무덤의 조성 양식은 물론 무덤을 만든 재료부터 완전히 다르다. 6호분은 앞서 설명한 대로 벽돌로 지은 벽돌무덤(전축분)이고, 5호분은 돌로 방을 만든 돌방무덤(석실분)이다. 돌방무덤은 돌을 쌓아서 무덤의 외관(석실)을 만들었다고 해서 붙은 이름이다. 또한 5호분의

송산리 고분군 모형전시관 안에 재현된 5호분의 모습. 굴식 돌방무덤의 특징을 잘 보여준다. (ⓒ메디치미디어)

경우는 무덤의 남쪽에 굴처럼 생긴 입구를 만들어 놓았는데, 이런 형식을 굴식 또는 옆으로 구멍을 내었다고 해서 횡혈식이라고 한다. 이런 굴식 돌방무덤은 1~4호분에서도 공히 나타나는 형태이며, 한성백제기 유적에서도 찾을 수 있는 백제의 대표적인 무덤 양식이다.

굴식 돌방무덤은 무덤 밑면부터 약 1미터 정도까지 수직으로 돌을 쌓고 그 위부터 안으로 조금씩 좁혀서 쌓기 때문에 옆에서 보면 오각형 모양에 좀 더 가깝다. 그리고 무덤 최상단은 유리병에 마개를 닫은 듯한 모양을 하고 있다. 아마도 돌을 쌓아서 만들다 보니 벽돌무덤처럼 아치형으로 맞춰서 둥글게 만들기가 어려웠던 듯하다. 또 굴식 돌방무덤은 에너른 돌을 바닥에 놓고 그 위에 작은 자갈을 놓아서 바닥을 구성했다. 그런 다음 목관을 놓는 자리에 관 받침을 먼저 쌓고 그 위에 관을 올리는 방식으로 제작했다.

그렇다면 1~5호분과 6호분의 무덤 양식이 차이가 나는 이유는 무엇일까? 가장 먼저 생각할 수 있는 건 만들어진 시기의 차이다. 굴식 돌방무덤은 백제뿐만 아니라 고구려와 신라에서도 많이 사용된 무덤 양식이다. 나라마다 조금씩 다르기는 하지만, 세 나라 모두 4~6세기에 지어진 굴식 돌방무덤의 유적이 발견된 바 있다. 따라서 기술적으로 좀 더 앞선 방식인 6호분이 1~5호분보다 후대에 지어졌으리라는 결론을 얻을 수 있다.

또 한 가지 추측이 가능한 부분은 6호분을 지을 시점에

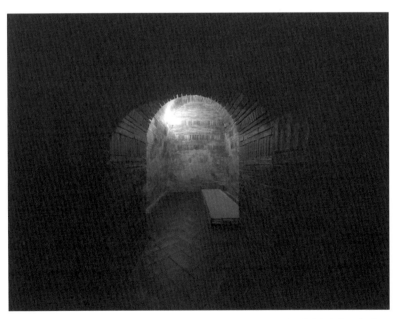

송산리 고분군 모형전시관 안에 재현된 6호분의 모습. 1~5호분이 굴식 돌방무덤인데 비해 6호분과 무령왕릉은 벽돌무덤인 것이 특징이다. (ⓒ메디치미디어)

뭔가 큰 사건이 있었거나 어딘가의 영향을 크게 받았을 것이라는 점이다. 원래 무덤은 고대 신앙이나 제례 문화 등과 연결된 사항이라 그 절차나 양식이 매우 경직되어 있고, 바뀌더라도 아주 보수적으로 천천히 변화하기 마련이다. 이 점에 관해서 학계에서는 6호분과 무령왕릉을 묶어서 중국의 영향을 받은 무덤이라고 추정하고 있다. 일종의 선진 문물의 수용으로 보는 것이다.

그렇다면 6호분과 무령왕릉의 관계가 자연스럽게 궁금해지는데, 안타깝게도 6호분은 발굴 전에 도굴이 됐던 터라 무덤의 주인을 알 수 있는 단서가 하나도 남지 않았다. 하지만 무덤의 주인이 무령왕과 연관이 있거나 비슷한 시기에 사망했다고 추정할 수는 있다. 현재로서는 정확한 사실을 알 수는 없지만, 무령왕에 준하는 중요한 사람의 무덤임에는 틀림없어 보인다.

물론 6호분만 높은 사람의 무덤인 것은 아니다. 송산리 고분군에 있는 모든 무덤이 왕족이거나 지위가 높은 귀족의 무덤으로 추정된다. 다만, 무덤이 만들어진 시기가 무령왕릉이나 6호분보다 이르다는 차이가 있을 뿐이다.

도굴 후에 남은 송산리 고분군 유물들

비록 많은 유물이 도굴당하긴 했지만, 송산리 고분군에서 수습된 유물도 양이 꽤 남아 있는 편이다. 조선총독부박물관에서 송산리

고분군을 조사했을 때 일부 유물을 찾아냈기 때문이다. 도굴당한
무덤의 특성상 부피가 크거나 온전한 유물보다는 부피가 작고
납작하거나 이미 부서지거나 깨진, 그래서 도굴꾼이 남겨두고
간 유물들이 주를 이루는 것이 특징이다. 가령 관의 흔적은
모두 사라졌지만, 무덤에 넣었던 관을 단단히 밀폐할 때 쓰였을
것으로 추정되는 못은 많이 남아 있었다.

　가장 많이 수습된 유물 중 하나는 허리띠 장식인데,
그중에서도 눈에 띄는 것은 3호분에서 출토된 금동제 허리띠
장식 2점이다. 네모반듯한 모양에 겉면에는 귀신의 그림이
새겨져 있어 매우 인상적이다. 1호분에서는 이 장식의 파편
일부가 발견되기도 했다. 아마도 이 귀신 그림은 당시의
왕족이나 귀족들 사이에서 유행하던 디자인이었을 수도 있다.

송산리 고분군에서 출토된 금동제 허리띠 장식. 박력과 유머러스함을 함께 갖춘 귀신의 모습이
인상적이다. (ⓒ국립공주박물관)

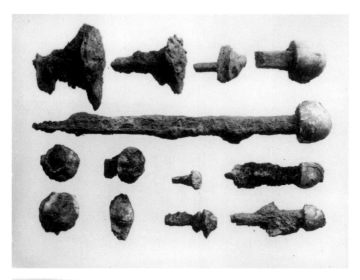

| ① |
| ② |

일제강점기 당시 송산리 고분군에서 출토된 유물을 촬영한 자료 사진. ①은 관을 짤 때 사용된 못들이고 ②는 금과 은으로 만든 장식품들이다. (ⓒ국립중앙박물관 소장 조선총독부박물관 유리건판)

은으로 만든 허리띠 장식도 2점이나 발견됐다. 위의 장식과 달리 나뭇가지 모양이며 구멍을 뚫어 무늬를 표현했다. 허리띠 끝에 다는 청동제 장식은 3호분과 4호분에서 각각 1점씩 출토됐는데, 허리띠와 연결되는 부분은 둥글게 마감 처리했고 구멍이 뚫려 있다. 그 외에도 다양한 허리띠 장식의 조각이 발견됐다.

1호분에서는 목걸이에 사용됐을 것으로 추정되는 유리구슬 20여 점과 철로 만든 손칼날도 출토됐다. 유리구슬은 옥색, 청색, 황색 등의 색깔을 띠고 있으며, 무덤방의 중앙 부분에서 흩어진 채로 발견됐다. 손칼날은 손잡이 부분과 칼집없이 날만 발견됐으나 칼날 부분에는 나무로 만든 칼집의 흔적이 있었다.

이 밖에도 송산리 고분군의 무덤들에서는 다양한 종류의 벽돌과 벽돌 조각이 발견됐다. 발견된 벽돌 중에는 무령왕릉이나 다른 백제시대 유적에서 흔하게 볼 수 있는 연꽃무늬가 새겨진 벽돌도 있었고, 글자를 새긴 벽돌이나 쐐기형 무늬벽돌도 있었다. 아마도 무덤의 관을 놓기 위한 단을 만들 때 쓰였던 벽돌로 추정되며, 일부는 무덤의 내벽에도 사용된 것으로 보인다.

더 많은 유물이 남아 있지 않아서 안타깝지만, 그나마 남은 유물이 있다는 것만으로도 다행이 아닐 수 없다. 송산리 고분군은 심하게 도굴을 당하긴 했지만, 희소해서 더욱 소중한 유물들이 많이 발견되었다.

아직도 왕릉이 더 있을지 모른다

아직 송산리에는 발굴조사를 하지 않은 고분이 더 남아 있다. 일제강점기 당시 5~6호분을 발견한 즈음에 이미 유실된 7~8호분이 발견된 바 있다.

7호분은 1호분에서 남서쪽으로 3미터 정도 떨어진 곳에 있고, 8호분은 마찬가지로 4호분에서 남쪽으로 약간 떨어진 곳에 자리 잡고 있다. 두 고분 모두 무덤의 모양이 유실되어 구분하기 힘들지만, 무덤방의 모습은 남아 있는 상태다. 두 무덤에서 수습된 유물도 장신구와 토기 등 몇 가지가 있다. 하지만 현재까지 7~8호분의 고분은 복원되지 않았고 그냥 땅속에 묻혀 있다. 이 두 고분이 존재한다는 사실을 아는 사람도 그리 많지 않은 듯하다. 7~8호분의 복원 가능성은 얼마든지 남아 있지만, 현재로서는 특별히 진행되는 사항은 없다.

이와 비슷하게 1933년에 조사된 고분 중 29호분 사례도 있다. 6호분의 보수공사를 하면서 발견된 29호분은 발굴 보고서나 당시 사진 자료가 남아 있어 무덤의 형식이나 구조 등에 대해서는 지금도 확인할 수 있다. 출토된 유물이 없고 그 이후로 조사된 바가 없어 그대로 묻어두고 잊힌 상태였는데, 최근 송산리 29호분에 대한 재조사 계획이 발표되면서 기대를 모으고 있다.

그리고 앞서 잠시 설명했듯이 현재의 1~4호분 사이에 파괴된 고분이 하나 더 있다. 원래 1927년에 조선총독부가 처음 조사했을 때는 분명히 고분이 5개였다고 했지만, 어찌된 영문인지 가루베 지온은 이곳에 4기의 고분이 있다고 주장했고 현재도 1~4호분으로 지정된 4기의 고분만 정비 복원되어 있다. 지금 송산리 고분군에 가서 봐도 1~4호분의 주변에 추가로 지정된 고분은 없다. 하지만 1호분과 2호분의 사이 공간이 특별히 좀 더 넓은 것을 감안하면, 그곳에 수수께끼의 고분 하나가 더 있을 가능성이 매우 크다.

물론 이것 외에도 아직까지 밝혀지지 않은 송산리 고분군의 숨겨진 무덤이 더 있을 수 있다. 다행인 점은 다른 유적들과 달리 송산리 고분군은 일찌감치 사적지로 조성해두었기 때문에 얼마든지 추가 조사를 할 수 있다는 것이다. 실제로 송산리 고분군은 2020년까지 계속 조사가 이루어졌고, 그 결과 추가 고분의 존재 가능성을 확인한 바 있다. 2021년부터는 백제 웅진기 왕릉의 구조와 상장례 문화 구명을 위한 발굴조사를 시행할 예정이다.

그런 면에서 송산리 고분군에서 아직 알려지지 않은 무덤이 발견될 가능성은 여전히 많다. 언제 다시 '제2의 무령왕릉'처럼 세계를 깜짝 놀라게 할 발견이 일어날지 아무도 모른다. 그렇다면 지금은 잠시 기다리는 중이라고 생각해도 좋지 않을까.

무령왕릉 발굴이 지니는 역사적 의미

우연히 찾아낸 '세기의 발견'

"이봐, 여기 뭐가 있는데?"

한 인부가 동료들을 돌아보며 소리쳤다. 뜬금없는 한마디에
동료들이 하나둘씩 모여들었다.

"아니, 거기 도대체 뭐가 있다는 거야."

"이것 봐, 여기 아래 딱딱한 게 뭐가 걸려. 이거 벽돌 같은걸."

"벽돌? 무덤 벽돌 말하는 거야?"

　　1971년 7월 5일, 송산리 고분군의 6호분 뒤쪽(북쪽)에서
일주일째 한참 배수로 공사를 진행하고 있었다. 6호분 뒤편으로
물길을 내기 위해 인부들이 바삐 삽을 놀리던 바로 그 순간
'세기의 발견'이 시작된 것이다.

　　당시에는 송산리 고분군 5~6호분의 내실을 일반인에게
공개했었다. 그래서인지 무덤 안에 습기가 자주 차서 무덤이
많이 손상되어 있었다. 게다가 여름 장마를 앞두고 쏟아지는
비를 대비할 필요도 있었다. 이를 해결하려고 관계당국에서는

6호분 뒤쪽(북쪽)으로 배수로를 터서 물을 흘려보내기로 했다. 그런데 얼마 파기도 전에 무덤의 지붕으로 의심되는 가지런한 벽돌이 나타난 것이다.

사람들은 기대와 궁금증에 쌓여 흥분하기 시작했다. 그 이튿날인 7월 6일, 당시 조사책임자가 문화재관리국에 급히 연락을 넣었다. 보고를 받은 허련 문화재관리국장은 7일 아침 이 사실을 문화공보부 장관에게 보고하여 당시 국립박물관장이었던 김원룡 박사를 단장으로 하는 발굴조사팀을 꾸리기로 했다.

발굴조사팀 선발대는 곧바로 7일 오전에, 그리고 김원룡 단장과 후발대는 그날 오후에 공주로 내려와 현장에서 배수로 공사를 하던 팀과 합류하여 그 벽돌이 무엇인지, 다른 무덤은 아닌지 확인하는 조사를 시작했다. 7월 7일 오후 4시부터 작업을 재개했고, 마침내 벽돌로 만든 아치형의 입구가 드러났다. 발굴단의 눈에는 익숙한 벽돌 입구였다. 내친김에 밤샘 작업을 하기로 하고 공주군청에서 발전기를 가져와 야간작업 준비를 하는 등 작업에 박차를 가했다.

무덤 입구를 발견하기 전부터 부슬부슬 내리던 비는 무덤을 발견하는 순간 갑자기 엄청난 폭우로 바뀌었다. 마치 발굴조사팀에게 '임금의 무덤은 함부로 건드리면 안 된다.'라고 하늘이 야단이라도 치는 듯했다. 발굴단은 새로 발견한 무덤에 빗물이 차지 않도록 서둘러 배수 작업에 집중했다. 흙을 파내는 작업에서 물을 퍼내는 작업으로 바뀌는 동안 비는 그쳤지만

	①	
②	③	④

1971년 무령왕릉 발굴조사 당시의 모습. ①은 발굴조사 직전 왕릉 앞에서 급히 서둘러
위령제를 올리고 있는 장면이다. ②는 입구가 닫힌 상태 ③은 입구를 열기 위해 벽돌을
제거하는 작업 ④는 마침내 입구가 개방된 상태다. (ⓒ국립문화재연구소)

예정했던 철야 작업은 강행할 수 없었다.

다음 날인 7월 8일 이른 아침부터 발굴 작업을 재개했다.
오후 3시쯤 되자 아무런 훼손의 흔적이 없는 무덤의 앞모습이
훤히 드러났다. 오후 4시에 서둘러 제수를 마련하여 조사단
대표와 현지 인사 등 다섯 명만 무덤 앞 좁은 구덩이에 들어가
위령제를 올렸다. 위령제를 마치자 흰 장갑을 낀 채 잔뜩 긴장한

모습으로 김원룡 단장과 김영배 공주박물관장이 겉에 얹힌 벽돌 몇 장을 거두고 무덤을 막고 있던 벽돌 한 장을 들어냈다. 깊은 잠에 빠졌던 무령왕릉을 깨우는 첫 손길이었다. 그때 조사원들과 이를 유심히 지켜보던 사람 가운데 몇 명은 무덤 속에서 하얀 김이 빠져 나오는 것을 보았다고 말했다.

놀라움과 아쉬움이 겹쳤던 17시간의 발굴

입구를 모두 열고 맨 먼저 무덤 안으로 들어간 사람은 김원룡 단장과 김영배 관장이었다. 이들 눈에 처음 들어온 것은 멧돼지인 듯 유니콘인 듯한 돌짐승 조각이 문 앞을 당당하게 지키고 서 있는 모습이었다. 1,500년 동안 무령왕릉을 지켜온 진묘수였다. 당시 김영배 공주박물관장은 자신의 꿈에서 봤던 멧돼지를 닮은 조각상이 그 자리에 서 있는 것을 보고 다시 한 번 놀랐다고 했다.

그 뒤로는 각양각색의 벽돌로 꾸며진 무덤방이 있었다. 바닥에는 관으로 쓰인 듯한 나무판자가 널려 있었고 군데군데 유물들이 흩어져 있어 그동안 도굴된 흔적이 전혀 없는 완벽한 왕릉이라는 사실을 쉽게 알 수 있었다. 게다가 진묘수 근처에서는 한자를 빼곡하게 새긴 석판도 발견됐다. 그 석판에는 다음과 같이 적혀 있었다.

"영동대장군 백제 사마왕이 62세 되는 계묘년 5월 7일

임진날에 승하하여 을사년 8월 12일 갑신날에 이르러
대묘에 예를 갖추어 안장하고 이와 같이 기록한다."

사마왕은 무령왕이 살아생전에 불렸던 이름이고, 영동대장군은
중국 남조 양나라의 무제가 무령왕에게 내린 작위라고
《삼국사기》에 분명히 적혀 있다. 이 내용을 이미 알고 있던
발굴단은 또 다시 놀라지 않을 수 없었다. 완벽하게 보존된
무덤을 찾아낸 것도 대단한데, 그 무덤의 주인이 백제의
중흥기를 이끌었던 무령왕과 그 왕비의 무덤이라는 사실을 알게
됐으니 흥분하지 않을 사람이 누가 있겠는가!

　그들이 무덤 안에 들어간 지 20분 만에 나올 때쯤엔 이미
무덤 앞에 취재기자들과 주민들이 빼곡히 몰려와 있었다.
취재진의 질문이 쏟아지자 김원룡 단장이 말문을 떼었다.

　"이 무덤의 주인공은 백제 사마왕, 즉 25대 무령왕과
왕비이며, 이들의 무덤임을 알리는 묘지석이 있고, 전혀
훼손되지 않은 무덤입니다!"

　아주 짧은 순간 동안 그 일대에 폭풍 전야와도 같은 정적이
흘렀다. 하지만 그것도 잠시뿐, 사람들은 저마다 흥분하며
그 즉시 무덤 앞으로 몰려들었다. 아차 싶었던 조사단장과
발굴단원들은 어떻게든 사람들을 제지하려 했지만, 이미 내뱉은
충격적인 소식을 주워 담을 수 없었다. 당시의 상황을 김원룡
단장은 자신의 회고록에서 이렇게 전했다.

처음 무령왕릉 내부에 들어가 진묘수를 비롯해 여러 유물을 발견한 당시의 모습. (ⓒ국립문화재연구소)

"카메라를 서너 개씩 둘러멘 기자들은 어서 사진부터
찍게 해달라고 야단이다. 그래서 입구에서 안쪽으로
한 신문사마다 2분씩만 찍기로 약속했는데, 그것은
약속뿐이고 카메라를 대자 발을 뗄 줄 몰랐고, 안으로
마구 들어가 귀중한 유물인 청동 숟가락을 밟아
부러뜨리기까지 했다."

역사의 보물창고 백제왕도 공주

현장을 정리하고 유물을 수습하기도 전에 순식간에 아수라장이
되어버린 발굴 현장, '역사적 사건'이나 다름없는 무령왕릉의
발굴은 그렇게 혼돈 속에서 시작됐다.

　　사실 발굴단도 그곳에 몰려든 기자들과 인근 주민들
못지않게 흥분해 있었다. 그도 그럴 것이 왕족들의 무덤으로
추정되는 송산리 고분군에서 또 다른 무덤이 실로 오랜만에
발견됐기 때문이었다. 그래서 무덤 입구에서 벽돌 한 장을
빼냈을 때 무덤 안에 있던 찬 공기가 빠져나오면서 결로현상으로
하얀 김이 새어 나온 것을 '오색영롱한 무지갯빛 연기'가 새어
나왔다고 기억하는 사람도 있었다. 김 단장은 이날의 흥분
상태를 이렇게 정리하고 있다.

> "우리 발굴대원들은 사람들이 더 모여들어서 수습이
> 곤란해지기 전에 철야 작업을 해서라도 발굴을 속히
> 끝내기로 합의하였다. 철조망을 돌려 치고, 충분한
> 장비를 갖추고, 한 달이고 두 달이고 눌러앉았어야 할
> 일이었다. 예기치 않던 상태의 흥분 속에서 내 머리가
> 돌아버린 것이다. 우리나라 발굴 사상 이런 큰일에
> 부딪친 것은 도무지 처음인 것이다."

그리고 그의 반성은 이렇게 이어진다.

"사실은 몇 달이 걸렸어도 그 나무뿌리들을 가위로
하나하나 베어 내고, 그러고 나서 장신구들을
들어냈어야 했다. 그런데 그 고고학 발굴의 ABC가
미처 생각이 안 난 것이다."

그 와중에 "어두운 데서 메모를 하고 약도를 그리며 물건을
들어내는 작업이 꼬박 아침까지 계속"이어졌다. 이렇게 모두가
흥분하여 통제 불가능한 상황으로 치닫고 있던 현장 분위기
때문에 발굴단은 단 하루의 철야 작업으로 발굴조사를 마치기로
결정했다. 물론 이는 예기치 못한 사고를 방지하고 혼란스러운
현장을 수습하기 위한 어쩔 수 없는 선택이었다. 유물의 훼손도
염려되었다.

　김 단장이 회고록에서 반성했듯이 단 하루, 17시간 만에
발굴을 마치겠다는 판단은 매우 안타깝고도 잘못된 판단이었다.
발굴을 제대로 진행하려면 최소 한 달에서 두 달, 길게는 몇 달
이상 걸려서 세심하게 작업했어야 했다. 그런 작업을 17시간
만에 마무리했으니, 졸속으로 진행했다는 아쉬움이 남을 수밖에
없다.

"하여튼 유물을 들어내고 바닥을 청소하였다. 아무리
변명하여도 장신구 원상들이 소홀히 다루어진 것은
분명하였다. (…) 고고학도로서 큰 실수를 저지른
것이다. (…) 그러나 무령왕릉 발굴의 쓰라린 경험은

그 뒤 경주 고분을 발굴하는 사람들에게 많은 교훈이
되었다. 그저 그것을 스스로 위안할 뿐이다."

회고록에서 김원룡 단장이 반성한 것처럼 무령왕릉이 발견된
1970년대 초까지만 해도 아직 체계적인 발굴조사 프로세스가
정립되지 않았다. 그뿐만 아니라 문화재 발굴과 보존의 중요성에
대한 인식이 부족했던 시기였다. 지금 생각해보면 웃지 못할
해프닝이 일어나고 발굴 현장을 통제하지 못했던 것도 그런
이유에서였다. 그나마 다행이라면 김원룡 단장의 말처럼
무령왕릉 발굴 사건을 계기로 학계 전반에서 발굴 체계 확립과
유물·유적에 대한 인식 제고에 힘쓰기 시작했다는 점이다.

백제 역사의 공백을 밝힌 무령왕릉 발견

발굴이 졸속으로 진행되어 아쉬움이 크게 남았지만, 그래도
무령왕릉은 발굴 그 자체로도 한국의 고고학계에 큰 의미를
남겨줬다. 무엇보다도 무덤의 주인공과 무덤 제작 연도가
정확히 밝혀진 삼국시대 최초의 왕릉이라는 점이 인상 깊다.
그간 삼국시대의 왕릉으로 추정되는 무덤이 여러 번 발굴된
적이 있지만, 이렇게 명확하게 무덤 주인과 축조 시기가 밝혀진
사례는 무령왕릉 이전에 없었다. 그런 관점에서 보면, 무덤에서
발견된 묘지석은 그 내용을 담고 있다는 점에서 중요한 문화재라
하겠다.

게다가 도굴의 피해를 많이 입은 백제 고분들과 달리 완벽한 원형을 유지한 채 발견됐다는 점 역시 역사적으로 중요한 유적으로 평가받는 이유다. 그 덕분에 무령왕릉에서 수습된 유물 중 12건 17점이 국보로 지정됐다. 또한 연대가 정확히 확인된 유물이라는 점도 중요한데, 이후 백제를 포함한 삼국시대의 문화를 연구하는 데 있어서 이들 유물은 기준점이 되는 지표 자료로 활용되고 있다. 게다가 각종 금속 장신구 등을 통해 백제 미술과 제작 기술의 발달 수준을 어느 정도 파악할 수 있었다는 점도 빼놓을 수 없다.

마지막으로 무령왕릉은 당시 백제가 중국, 일본과 국제적으로 활발하게 교류하고 있었다는 사실을 알려주는 증거이기도 하다. 무령왕릉의 축조 양식인 벽돌무덤은 중국 남조시대의 무덤 양식에서 영향을 받았으며, 무덤 안에서 수습된 도자기와 동전인 오수전 등도 중국에서 건너온 수입품이었다. 또한 관의 재료로 사용된 일본산 금송에 관해서는 일본과 밀접한 관계를 맺고 있었다는 해석이 가능하다.

그리고 이런 소위 '수입품'들이 무령왕릉에 들어갔다는 것은 국외로 아시아의 여러 나라와 교류했다는 의미이며, 이는 무령왕의 중요한 치적이었음을 뜻한다. 실제로 무령왕은 왕권을 더 견고히 하고 국력을 키워서 갱위강국을 주창하며 백제 중흥기를 이끌었던 왕이다. 이때 백제는 한강 유역의 재탈환을 노릴 수 있을 정도로 군사력을 증강시켰을 뿐만 아니라, 국제

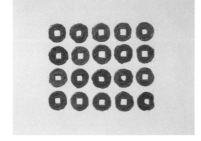

웅진백제가 중국 및 일본과 활발히 교류했음을 알려주는 유물들. ①은 무령왕릉 발굴조사 당시 지석 위에 놓여 있던 오수전이다. (ⓒ국립문화재연구소) ②와 ③은 각각 국립공주박물관에서 전시하고 있는 오수전과 목관의 모습이다. (ⓒ국립공주박물관)

교류에도 적극적으로 힘썼다. 특히 중국 남조의 양나라와 매우 긴밀한 관계를 유지하면서 일본에 각종 문화를 전파해주는 '아시아의 허브' 역할을 했다. 이 또한 무령왕릉과 그 안의 껴묻거리를 통해서 이해할 수 있는 부분이다.

이처럼 무령왕릉은 우리에게 많은 역사적 사실과 이야깃거리를 남겨줬다. 현재 무령왕릉은 안으로 직접 들어가서 볼 수는 없지만, 송산리 고분군에 마련된 전시관에 5호분, 6호분과 함께 무령왕릉의 내실을 원형 그대로 모형으로

①은 무령왕릉 껴묻거리 배치도. 위쪽의 무덤 내부에 각각 사선으로 그려진 것이
무령왕과 무령왕비의 관이다. 그것을 통해 대략 무령왕릉의 내부 크기를 짐작할 수 있다.
(ⓒ국립공주박물관) ②와 ③은 송산리 고분군 모형전시관에 재현한 무령왕릉 내부
유물들 배치 모습. (ⓒ메디치미디어)

만들어서 누구나 관람할 수 있도록 해놓았다. 또한 발굴 당시에 유물이 놓여 있던 모습도 그대로 복원해두었다. 이렇게 있는 그대로의 역사를 누구나 찾아와서 볼 수 있도록 했다는 점 또한 무령왕릉의 발굴이 우리에게 제공하는 중요한 가치라고 할 수 있겠다.

무덤에 잠들기까지 어떤 과정을 거쳤을까?

복잡다단한 왕족들의 장례 절차

예부터 "호랑이는 죽어서 가죽을 남기고, 사람은 죽어서 이름을 남긴다."라고 했지만, 권세를 가진 이들이 죽으면 남기는 것이 하나 더 있었다. 바로 무덤이다. 예전에는 무덤도 아무나 만들수 있는 게 아니었다. 고대국가에서는 왕이 승하하면 성대하게 제례를 올리고 일정한 절차를 거친 후에 큼지막한 능을 만드는 것이 일반적인 의례였다. 그 덕분에 오늘날 우리는 왕릉에 묻힌 관과 껴묻거리, 무덤의 건축양식과 사용된 재료 등을 통해서 옛날 사람들의 문화와 풍습을 이해할 수 있게 되었다.

이렇듯 위엄 있는 유택에 편히 잠들기까지 그 과정과 절차는 위용만큼이나 성대하고도 복잡다단할 수밖에 없었다. 오늘날 우리가 상상할 수 없을 만큼 과정이 자세하게 정해져 있고, 그 순서를 꼭 따라야 했기 때문이다. 과연 왕과 왕족은 죽음 이후 사후 세계에 도달하기까지 어떤 절차를 거쳤을까? 문헌과 발굴조사를 통해서 밝혀낸 무령왕릉의 축조 과정을 예로 살펴보자.

우선 왕이 죽으면 장례부터 치러야 한다. 기록에 따르면, 무령왕의 사후에는 시신을 곧바로 무덤에 묻지 않았다. 그 대신, 27개월 동안 시신을 안치해놓고 제사를 지냈다고 한다. 장례를 치른 과정이나 제사를 올린 방식에 관해 상세히 기록된 문헌이 존재하지 않아 구체적인 세부 절차를 자세히 알 수는 없지만, 별도의 제례 시설을 만들어서 일정 기간마다 예를 올렸다는 정도의 기록은 남아 있다. 또한 그때도 이미 시신이 부패하지 않도록 처리·보관하는 방법이 있었으리라는 추측도 해볼 수 있다. 이 과정의 일부 풍습은 현대를 사는 우리의 장례 문화와도 일맥상통하는 부분을 찾아볼 수 있다.

왕의 무덤은 벽돌도 특별했다

송산리 고분군에서 발견된 무령왕릉의 무덤은 다른 무덤과 달리 벽돌도 특별했다. 무덤에 사용될 벽돌을 하나도 빠짐없이 모두 손수 구워 만들었기 때문이다. 벽돌을 만들려면 우선 점토를 채취해서 불순물을 제거하는 과정을 거쳐 벽돌의 재료가 되는 태토胎土를 만드는 작업부터 시작한다. 태토가 준비되면 이를 성형틀에 넣고 두드려서 공기를 제거한다. 그후 겉면을 고르게 만들고 성형틀에서 떼어내 건조한다. 이 단계를 거친 벽돌 재료를 가마에 차곡차곡 잘 쌓아놓고 아주 높은 온도에서 구워낸다. 물론 굽는 과정에서 깨지거나 모양이 조금이라도

 은 '양관와위사의梁官瓦爲師矣'라고 글자를 새긴 벽돌. '중국 양나라 관영공방의 기와를 본보기로 삼았다'는 뜻이다. ②는 대방大方이라는 글자가 새겨진 벽돌 ③은 연꽃무늬와 마름모무늬 벽돌 ④는 연꽃무늬 벽돌 ⑤는 중방中方이라는 글자가 새겨진 벽돌 ⑥은 동전무늬 벽돌이다. (ⓒ국립공주박물관)

뒤틀린 벽돌은 절대로 사용하지 않았다.

　　무령왕릉을 축조하는 데는 많은 벽돌이 필요했다. 그것도 위치마다 서로 다른 모양의 벽돌을 사용해서 전부 28종류나 된다. 주로 연꽃무늬를 그려 넣은 벽돌을 사용했으며, 문자를 새긴 벽돌과 아무 무늬도 없는 민무늬벽돌도 사용했다. 문자를 새긴 벽돌에는 대방大方, 중방中方, 중中, 급사急使, 복재扑才 등과 같은 글자가 박혀 있었는데, 이는 대부분 해당 벽돌이 놓일 위치를 나타내는 글자였다. 다시 말해서, 무령왕릉에 들어간 벽돌들은 정확한 설계에 의해서 생산됐고, 정해진 곳에 순서대로

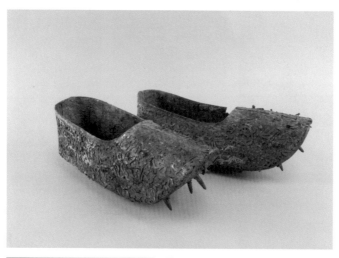

①	
②	③

무령왕릉의 출토 유물들. ①은 왕비 쪽에 놓여 있던 청동 신발이다. 크고 무거운 청동 신발은 실제로 사용하는 것이 아닌 장식성이 강한 물건으로, 껴묻거리 용으로 새롭게 만든 것이다. ②와 ③은 발굴 당시 진묘수 뒤쪽, 입구 길의 마지막에 있던 제사용기들이다. (ⓒ국립공주박물관)

쌓았다는 의미다. 각 글자들은 해당 글자의 틀을 만들어 꾹 누르는 방식인 압출기법으로 문자를 새겨 넣었다.

　왕과 왕족의 무덤을 만들기 위한 '필수 준비물'이 또 있다. 바로 껴묻거리다. 이는 말 그대로 무덤 안에 함께 묻는 물건을 칭하는 말이다. 당시 사람들은 껴묻거리를 왕 또는 왕족의

안식과 사후 세계에서의 평안한 삶을 위한 물품이라고 생각해서
반드시 다양하고 풍족하게 준비해 무덤에 함께 넣었다.

　　무령왕의 무덤에는 금으로 만든 관꾸미개와 귀걸이, 목걸이,
머리뒤꽂이 등과 같이 정교하게 제작한 금제 장신구와 나쁜
기운을 막아준다는 의미를 지닌 유리동자상과 흑옥으로 만든
동물 모양의 장식, 글자를 새긴 팔찌, 다리미, 허리띠, 각종 크고
작은 칼 등을 함께 묻었다. 이런 물건들은 대개 장례 기간에 새로
만들지만, 그 사람이 생전에 아꼈거나 늘 가까이 두고 사용했던
물건을 포함하기도 한다. 이는 하나같이 왕 또는 왕족의 위세를
보여주는 일종의 위세품이다.

①	②
③	④

①과 ②는 무령왕의 베개와 발받침 ③과 ④는 무령왕비의 베개와 발받침이다.
지금 기준으로도 화려하고 대담한 디자인으로 만들어졌다. (ⓒ국립공주박물관)

물론 무덤에 함께 넣을 물품들도 따로 만들어야 했다. 시신을 안치할 관과 시신을 편안하게 눕힐 수 있도록 머리와 발을 괴어 놓는 베개와 발받침, 묘지의 주인을 표시하는 묘지석, 무덤과 무덤 주인의 영혼을 지켜준다고 믿었던 진묘수 등이 이에 해당한다. 특히 무령왕릉에 사용된 목관은 일본에서 가져온 금송을 사용해서 최고의 공예 기술로 제작됐는데, 여기에 들어간 금송은 350~600년 정도의 수령에 직경이 최소 130센티미터 이상 되는 거목을 칭한다. 왕의 묘이니만큼 당대에 구할 수 있는 최고의 나무를 재료로 사용했던 것이 틀림없다.

정교하게 짜인 무덤 축조 과정

준비물이 다 갖춰졌으면 이제 무덤을 만들 차례다. 하지만 그전에 무덤 터를 정하는 일이 먼저였다. 무덤 터를 정할 때 가장 중요한 척도는 역시 풍수지리다. 당시에도 좌청룡 우백호 남주작 북현무의 사신사상에 입각한 위치를 좋은 자리로 여겼기 때문에 북으로 언덕이 자리하고 남으로 탁 트인 곳을 명당자리라고 생각했다. 해당 지역의 지형이나 지질 조건도 중요하게 따졌다. 그래서 무령왕릉의 경우 풍화 암반이 넓게 자리한 지역으로 남향의 산 경사면에 자리 잡았다.

무덤 터를 잡았다면 그다음으로 무덤의 바닥면을 닦아야 한다. 무령왕릉은 지하에 니은(ㄴ)자 형태로 구덩이를 판 후, 바닥을 반반하게 고른 다음에 배수 시설을 구축했다. 배수 시설은 무덤 속에 빗물이나 흙 속의 습기가 차서 훼손되는 것을 막으려고 만들었다. 배수구는 관을 놓는 방과 입구 부분이 연결되는 지점에서 바닥 밑으로 중앙에 남북으로 길게 도랑을 파고 그 내부에는 넓은 벽돌을 이용해 만들었다. 이 배수구는 무덤 밖으로 이어져서 경사면을 따라 물이 자연스럽게 흘러나가도록 제작했으며, 그 길이는 약 21.6미터에 달했다

무령왕릉의 무덤은 벽돌을 이용하여 바닥과 벽체, 천장을 차례로 만들었다. 이렇게 벽돌로 이용해서 전체 구조를 건축한 무덤을 벽돌무덤이라고 한다. 송산리 고분군에서는 무령왕릉과 6호분이 벽돌무덤 형식으로 만들어졌으며, 이는 중국 남조의 무덤 양식에서 영향을 받은 것으로 알려져 있다.

우선 바닥에 벽돌을 돗자리 모양으로 깔아서 완성한 다음에 벽체와 천장의 순서로 축조한다. 벽체는 나무로 먼저 틀을 만든 후에 벽돌을 쌓았는데, 무령왕릉의 벽체는 4단의 벽돌을 옆으로 눕혀서 쌓고, 다음 1단은 벽돌을 세워서 쌓는 4평1수 방식을 적용했다.

관이 놓이는 방은 직사각형 모양으로 만들었으며, 남북의 짧은 벽 쪽은 네모반듯한 벽돌을 수직으로 쌓았고, 동서의 긴 벽 쪽은 위로 갈수록 점차 오므려서 쌓았다. 오므려서 쌓는 벽에는 바깥쪽 면은 넓고 안쪽 면은 좁은 사다리형 벽돌을 잇대는 방식을 사용했다. 그래서 완성된 천장의 최종 형태는 터널과 유사한 모양이 되었다.

발굴조사 이후 입구에서 무령왕릉의 내부를 바라본 모습. 다양한 무늬와 형태를 가진 벽돌들이 골고루 사용되었다. (ⓒ국립공주박물관)

그리고 마지막으로 관이 놓이는 방의 남쪽 중앙 부분에 위와 같은 방법으로 입구 길을 축조했고, 그 남쪽 끝에는 아치형 출입구를 만들었다.

무덤을 완성한 후에는 시신과 각종 껴묻거리를 정해진 위치에 잘 모셔놓고 입구를 막음벽돌로 완전히 틀어막은 다음, 그 위에 흙을 덮어서 봉분을 만들었다.

이렇게 잘 준비하고 정교하게 제작했기 때문에 무령왕릉은 1,500년 동안 그 내부가 훼손되거나 무너지지 않은 채 견고하게 보존될 수 있었다. 그 덕분에 오늘날 우리는 백제시대 장인들의

숨결이 느껴지는 화려하면서도 단아한 유물과 무령왕릉이라는
문화재를 만날 수 있는 것이다. 재료와 장비, 기술 등 모든 것에
한계가 있었던 1,500년 전 옛날에 무령왕릉과 같이 완벽한
아름다움을 자랑하는 문화재를 만들 수 있었다는 사실은 놀랍기
그지없다.

丙午年十二月□□百□國王夫妃壽
終居喪葬□酉地己酉年二月丙
未朔十二日甲午改葬定夫墓王
志如左

아시아의 문화 가교 역할을 했던 백제

무덤의 주인을 알려준 지석

백제를 비롯해 우리 고대사 연구에 한 획을 그었던
무령왕릉에서는 과연 어떤 유물이 출토됐을까? 무령왕릉에서
출토된 유물은 무려 108종이며 개수로는 4,600여 점에 달한다.
왕과 왕비의 무덤답게 아주 많은 유물을 수습했으며, 그중에
국보로 지정된 것도 12종 17점이나 된다. 이들은 백제 문화의
진면목을 보여주는 유물일 뿐만 아니라, 국내 고대사 연구에도
큰 도움이 되는 획기적인 자료로 평가받고 있다.

　　무령왕릉에서 출토된 유물들은 하나하나 소중히 간직할
만한 문화재들이지만, 그중에서도 가장 중요한 것을 꼽으라면
역시 국보 제163호로 지정된, 무덤의 주인이 누구인지
명시해놓은 지석을 꼽는다. 지석은 무덤에 묻힌 사람이
누구인지, 언제 태어나서 무슨 일을 했고, 언제 사망했는지
기록해둔 석판을 말한다. 무령왕릉에서도 지석에 표기된
'사마왕'을 통해 무덤의 주인이 무령왕임을 확인할 수 있었다.

그런데 실제로 무령왕릉에서 출토된 지석은 두 개다.
두 지석 모두 가로 41.5센티미터, 세로 35센티미터, 두께
5센티미터로 정사각형에 가까운 똑같은 크기로 만들어졌다.
그리고 지석의 앞뒷면 총 네 면에 글씨가 새겨져 있었다.
무령왕의 생애가 적힌 지석의 뒷면에는 방위도가 그려져 있었고,
매지권이라고 부르는 다른 지석에는 왕비의 생애와 매지문이
앞뒤로 새겨져 있었다. 매지문은 말 그대로 무덤을 쓸 자리를
땅의 신들에게서 매입한다는 내용이 담긴 글이다. 이는 중국
동한시대에 생긴 관습으로 땅의 신에게 묘지를 보호해달라고
기원하는 주술적인 장례 풍속이다. 게다가 발견 당시 지석
위에는 당시 중국의 화폐였던 '오수전' 90여 개가 놓여 있었다고
한다. 아마도 이는 토지의 매입 비용으로 놓아둔 것이 아닐까
추정된다. 이런 방식은 중국 문화의 영향을 받은 것이라 할 수
있다.

　　무령왕비의 지석에는 다음과 같이 쓰여 있었다.

　　　"병오년(526년) 12월 백제국 태비가 천수를 다해서
　　　유지(서쪽 땅)에 가매장했다가 기유년(529년) 2월
　　　갑오(12일)에 다시 장례를 치르고 대묘大墓로 돌아오니
　　　이를 이상과 같이 기록한다."

무령왕비의 지석은 무령왕의 지석보다 내용이 간단한 편이지만,

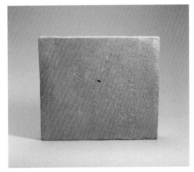

①	②
③	④

무령왕릉에서 나온 지석들. ①은 무령왕의 묘지석 앞쪽 면으로 무령왕의 생애가 적혀 있고 ②는 그 뒷면으로 방위도가 그려져 있다. ③은 무령왕비의 묘지석 앞쪽 면으로 매지문이 새겨져 있다. ④는 그 뒷면으로 왕비의 장례 절차에 대한 내용이 적혀 있다. (ⓒ국립공주박물관)

무령왕의 지석만으로는 잘 알 수 없었던 부분을 알려주는 역할을 한다. 무령왕비도 무령왕과 마찬가지로 사망 후 27개월 만에 왕과 합장했다고 되어 있지만, 서쪽에 가매장했다가 다시 장례를 치르고 묻었다는 내용은 무령왕의 지석에는 없는 내용이다. 이를 통해 무령왕도 비슷한 절차를 거쳐 무덤에 안치했다고 추정할 수 있다.

무덤을 지키는 파수꾼, 진묘수

무령왕릉을 발굴할 때 사람들을 가장 먼저 당황하게 했던 것이 바로 무덤 입구 앞쪽에 떡하니 버티고 서 있었던 돌로 만들어진 진묘수였다. 얼굴은 멧돼지처럼 생겼지만, 머리에 철로 만든 뿔이 달렸고, 목덜미에 갈기가 있으며, 어깻죽지에는 날개가 달려 있어 도무지 어떤 동물이라고 특정할 수가 없었다. 그도 그럴 것이 진묘수는 무덤을 지키는 상상 속의 동물이기 때문이다. 이 동물은 무덤을 지키고 악귀를 막아내며 무덤에 묻힌 사람의 영혼을 신이 사는 곳으로 안내하는 저승사자 역할도 한다고 믿었다. 물론 진묘수를 자세히 들여다보면 이빨도 없고 입을 헤 벌리고 있어서 온순하고 친근한 느낌이 먼저 들지만 말이다. 그래도 무령왕릉이 1,500년 동안 온전한 상태로 유지될 수 있었던 것이 진묘수가 지키고 있었기 때문이라고 생각한다면 그리 가볍게 볼 수만은 없을 것이다.

원래 우리나라에는 진묘수를 무덤 안에 넣는 풍습이 따로 있지 않았다. 무령왕릉의 진묘수가 한반도에서는 처음 발견된 것이었다. 이는 중국 전국시대부터 시작되어 한나라 때 크게 유행했고 남북조시대에도 널리 쓰였던 것으로 알려져 있다. 북조의 진묘수가 사람 얼굴에 동물의 몸을 하고 있는 형태인 데 비해, 남조의 진묘수는 주로 네 다리로 서 있는 동물 형태를 차용했던 점을 고려하면, 무령왕릉에서 출토된 진묘수는 중국 남조의 영향을 받아서 만들어진 것으로 보인다.

①
②

국립공주박물관에서 전시하고 있는 무령왕릉 출토 유물들. ①의 사진에서 묘지석과
오수전, 진묘수 등은 복제품이고 뒤에 보이는 무령왕과 무령왕비의 관은 진품이다.
②는 국보 162호 진묘수의 진품을 전시하고 있는 모습. (ⓒ메디치미디어)

'직공'은 중앙 정부나 상위 정부에 공물을 보내는 것을 뜻하며, '직공도'는 고대 중국 왕조의 황제에 대한 주변국이나 소수민족의 직공 모습을 나타낸 그림을 말한다. 남조의 양나라 때 직공을 소재로 한 〈양직공도〉가 유명하다. 이 〈양직공도〉는 양나라 원제 당시인 526~539년 사이에 제작된 것을 북송 때인 1077년에 모사한 그림이다. ②는 그림에 남은 12개 나라 사신 중 백제 사신을 확대한 것이다. (ⓒ중국 베이징 중국국가박물관中國國家博物館)

이렇듯 무령왕릉의 유물을 전반적으로 살펴보면 중국 남조의 영향을 받은 것들이 꽤 많다. 진묘수 외에도 청동거울과 청동다리미, 동탁은잔銅托銀盞 등이 이에 해당한다. 이것을 어떻게 해석해야 할까? 이는 무령왕 대의 공예 기술이 중국 남조의 기술과 밀접한 관련이 있었음을 시사하는 증거이며, 국제적으로 백제의 문화 교류가 매우 활발했다는 의미이기도 하다.

무령왕은 재위 시절에 국력을 강화하고 내치에 신경 썼을 뿐만 아니라 외교에도 힘을 기울였다. 특히 중국 남조의 양나라와 밀접하게 교류했는데, 그 흔적을 여러 곳에서 찾을 수 있다. 실제로《삼국사기》에는 521년(무령왕 21)에 양나라에 사절을 파견했다는 내용이 쓰여 있다. 이는 6세기에 제작된

〈양직공도梁職貢圖〉에 백제 사신의 모습이 그려진 것으로 그 사실을 파악할 수 있다. 양직공도는 당시 중국 양나라에 온 외국의 사신들과 그 나라의 풍속 등을 간략히 적은 그림이다.

여기서 그치지 않고 무령왕은 재위 동안 양나라 무제에게 사신을 보냈을 때 '영동대장군'이라는 작호를 받았다. 지석에 새겨져 있던 영동대장군이 바로 양나라 무제가 붙여준 작호다. 당시 양나라는 고구려나 신라와도 교류한 흔적이 있었는데, 영동대장군이란 작호는 고구려왕이 받은 것보다 한 등급 높은 작호였다. 그만큼 무령왕 대에 이르러 백제와 중국 양나라 상호 간에 두터운 신뢰 관계가 쌓였으며, 중국에서 백제가 한반도의 강국으로 인정받았다는 의미로 해석할 수 있다.

일본과의 교류를 증명하는 청동거울

청동거울에 관해서는 흥미로운 사실이 더 있다. 무령왕릉에서 출토된 청동거울(국보 제161호)은 모두 세 점이다. 왕의 머리맡에서 1점, 발 부근에서 1점, 왕비의 머리맡에서 1점이 수습됐다. 고대사회에서 거울은 지배자의 권위를 나타내는 상징물에 가까웠다. 이 역시 죽은 사람을 악귀로부터 보호하고 영혼을 신에게 이르게 한다는 의미를 담고 있다.

무령왕의 발쪽에서 출토된 거울에는 다음과 같은 글자가 새겨져 있다.

"상방尙方에서 만든 거울이 진실로 좋아 옛날

①	②
③	④

일본과의 관계를 입증해주는 청동 유물들. ①과 ②는 왕 쪽에 놓여 있던 청동거울 두 점, ③과 ④는 왕비 쪽에 놓여 있던 청동거울과 청동다리미다. (ⓒ국립공주박물관)

선인仙人들은 늙음을 알지 못했다. 목이 마르면
옥천玉泉의 물을 마시고 배고프면 대추를 먹어도 쇠나
돌같이 다함이 없는 긴 생명을 누리셨도다."

말 그대로 불로장생의 삶을 누렸으면 하는 염원을 담은 글이다.
이 청동거울의 뒷면에는 가운데의 큰 꼭지를 중심으로 12개의
작은 꼭지가 바깥쪽으로 배치되어 있는데, 여기에 12간지를

새겨 넣었다. 또한 네 마리의 신수와 신선으로 보이는 인물도
새겨 매우 역동적인 모양을 하고 있다.

다른 두 개의 거울도 매우 화려하다. 무령왕의 머리
쪽에서 출토된 청동거울은 한가운데의 둥근 꼭지에 가죽끈이
꿰어져 있었고, 그 주변으로는 9개의 작은 꼭지가 달렸다. 그
사이사이에 일곱 마리의 동물 문양과 의자손宜子孫이라는 글자가
새겨져 있다. 그래서 이 거울을 의자손수대경宜子孫獸帶鏡이라
부른다. 왕비의 머리 쪽에서 수습된 거울에도 사신과 세 마리의
상서로운 동물이 보인다.

또한 이 청동거울은 청동다리미와 함께 그 당시 일본과의
관계를 말해주는 유물이기도 하다. 일본의 고대 고분에서 이와
유사한 청동거울과 다리미가 발견된 바 있기 때문이다. 현재까지
무령왕은 어렸을 때 일본에서 태어나서 백제로 돌아와 자랐고,
성인이 된 후에 정치에 참여하기 시작했다고 알려졌다. 그러니
왕이 되고 나서도 일본과 꾸준히 교류했을 것이며, 특히 백제의
여러 선진 기술을 일본에 전해줬을 가능성이 크다.

일본과 긴밀한 관계는 무령왕과 왕비의 관에 일본에서
가져온 목재가 쓰인 사실로도 충분히 입증되었다. 일본의 목재가
들어온 경로에 관해서는 알려진 바 없지만, 백제와 일본의
교류가 활발했고 규모가 컸다는 사실은 짐작할 수 있다.

무령왕릉에는 왜 금으로 된 장신구가 많을까?

금으로 된 장신구가 많이 출토된 무령왕릉

무령왕릉에서 출토된 유물의 가장 큰 특징은 금으로 된 장신구가
많다는 점이다. 금으로 만든 관장식을 비롯해서 귀걸이와
목걸이, 팔찌, 머리뒤꽂이, 허리띠, 그리고 그 외 갖가지
장식용품을 수습했다. 왕과 왕비의 무덤이니 그들이 살아 있을
때 착용했던 물건을 함께 묻은 것은 당연한 일이다. 그래도
그중에서 단연 눈에 띄는 것을 하나 꼽자면 국보 제154호인
무령왕 관꾸미개라고 할 수 있다. 앞서 설명한 지석 덕분에
무령왕이 무덤의 주인임을 쉽게 알았지만, 지석이 없었더라도
이 무령왕 관꾸미개를 통해 무덤의 주인을 확인할 수 있었을
것이다.

    《삼국사기》에는 백제의 왕이 공식 행사에 나섰을 때
옷차림에 관해 설명한 구절이 기록되어 있다.

       "정월 초하룻날에 왕은 소매가 큰 자주색 두루마기를

입고, 푸른 비단 바지를 입고, 금화金花로 장식한 검은
비단 관烏羅冠을 쓰고, 허리에는 흰 가죽 띠를 두르고,
신은 검은 가죽신을 신었다."

이 기록에 남아 있는 왕의 공식 옷차림 중에서 금화, 즉 금으로
만든 꽃장식이 바로 무령왕릉에서 출토된 관꾸미개다. 그러니
이것으로도 백제왕의 무덤이라는 사실을 쉽게 알 수 있었을
것이다. 무령왕릉에서는 왕의 관꾸미개 2점과 왕비의 관꾸미개
2점, 총 4점의 관꾸미개가 수습됐다. 크기는 약 30센티미터
정도이며 디자인 면에서는 불꽃이 활활 타오르는 듯한 입체감을
표현하고 있다. 위의 글대로라면 이 금으로 된 관꾸미개를 검은
비단 관(오라관)에 붙여서 썼다는 이야기다.

그러나 이 관꾸미개를 어떻게 비단 관에 붙였는지는 알 수
없다. 우선 검은 비단 관의 모양이 어떤 형태였는지 짐작할 만한
단서가 없다. 그렇다 보니 관꾸미개를 어떻게 붙여야 하는지
개념을 잡기 어렵다. 쉽게 생각하자면, 관꾸미개가 두 개이기에
관의 양옆에 붙였을 가능성이 크지만, 다른 방식으로 장식했을
수도 있다. 원래는 이런 부분도 발굴조사에서 확인했어야
하는데, 무령왕릉을 발굴할 때 급하게 유물만 수습하고 나왔기
때문에 이제는 정확히 알 수 없다.

그러면 다시 이 글의 처음으로 돌아가보자. 무령왕릉의
유물에는 왜 이만큼이나 금붙이가 많을까? 이유는 간단하다.

무령왕릉에서 출토된 무령왕비의 관꾸미개. 무령왕의 관꾸미개와 마찬가지로 활활 타오르는 느낌을 생생하게 표현했다. (ⓒ국립공주박물관)

왕의 지닌 최고의 권위를 상징하는 것이 금이기 때문이다. 백제는 귀족들도 비단으로 만든 관을 쓰고, 다시 그 겉에 신분을 나타내는 장식을 덧붙였다. 다만 귀족들은 은으로 만든 장식을 붙였다. 그것도 16개의 관등 중에서 6품 이상의 고위 귀족만 은 장식을 할 수 있었다. 관제의 크기도 더 작고 디자인도 단순한 것을 사용했다. 재질뿐만 아니라 크기나 디자인에서도 왕과 귀족의 관꾸미개는 차이가 났다.

이렇게 생각할 수도 있다. 초기 웅진백제기에는 왕권이
그리 강력하지 않았다. 왕들이 살해되는 비극이 수차례 걸쳐서
나타났다. 하지만 무령왕에 이르러서는 왕의 권위를 완전히
회복했고, 그 위세를 나라 밖으로 떨칠 정도였다. 그런 무령왕의
무덤에 왕의 위세를 보여주는 위세품이 상당수 들어간 것은
어쩌면 당연한 일이 아닐까.

백제의 뛰어난 금속공예 기술

무령왕릉에 남아 있던 위세품은 여러 가지인데, 그중에서도 단연
돋보이는 위세품은 역시 칼이다. 무령왕이 살아생전에 누렸던
권력이나 위엄을 상징하는 유물이기 때문이다. 특히 이 칼은
손잡이 끝부분에 고리가 붙어 있어 둥근고리큰칼이라고 부른다.
둥근고리큰칼은 출토 당시에 무령왕의 왼쪽 허리 부근에 놓여
있었다.

둥근고리큰칼에서 가장 눈에 띄는 부분은 손잡이 끝, 즉
둥근고리의 장식이다. 고리 안에는 여의주를 문 한 마리의 용이
표현되어 있고, 고리 밖에도 두 마리의 용이 새겨져 있다. 게다가
머리 벼슬과 뿔, 비늘까지도 아주 세밀하게 세공해서 마치 살아
움직이는 것 같은 느낌을 준다.

게다가 손잡이 부분에도 금실과 은실을 교대로 감아 백색과
금색의 조화로움을 가미했고, 위아래로 봉황무늬와 인동무늬를
교대로 배치해 화려하면서도 세련돼 보인다. 지금까지 백제

①은 출토된 꺼묻거리 중 위세품으로 가장 돋보이는 유물인 용·봉황무늬 둥근고리큰칼 ②는 역시 화려한 무늬가 돋보이는 허리띠 장식이다. (ⓒ국립공주박물관)

지역에서 출토된 어떤 큰칼보다도 기술적으로 월등하고 최고로 아름다운 칼이라 할 수 있다.

여기서 한 가지 알아두어야 할 점이 있다. 백제의 뛰어난 금속공예 기술이다. 삼국시대 백제는 문화적으로 매우 융성하고 가장 화려한 기술을 보유한 나라였다. 무령왕릉에는 그런 기술의 정수를 담은 물건이 꽤 많이 묻혀 있었다. 금제 귀걸이와 목걸이, 팔찌 등의 장신구들이 이에 해당한다.

금제 장신구 일부는 누금세공 기법으로 만들어졌다. 이 기법은 금속의 겉면에 가는 금실이나 금 알갱이를 붙여서

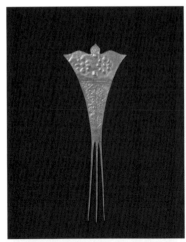

| ① | ② |
| ③ | ④ |

백제인들의 금세공 기술을 엿볼 수 있는 유물들. ①은 무령왕의 금뒤꽂이 ②는
무령왕의 금귀걸이다. ③은 모자 모양을 한 꾸미개들이고 ④는 무령왕비의 금귀걸이다.
(ⓒ국립공주박물관)

아주 섬세하게 무늬를 넣는 방식이다. 이 시기의 금속공예품은
보통 끌을 이용해서 금속을 깎아 모양을 만드는 방식을 주로
사용했는데, 누금세공은 이런 방식과 근본적으로 다른 기술이다.
누금세공 기법을 자유롭게 구사할 수 있다는 것은 그만큼 백제의
금속공예가 기술적으로 발전했다는 의미다.

이렇게 고급 공예 기술이 반영된 유물이 무령왕릉에서 발견됐다는 것은 무령왕 대에 이르러 백제가 외적으로 군사력이 강성해진 것뿐만 아니라 사회 전반적으로 안정되고 각종 문화 역량을 증진할 수 있는 기반을 마련했다는 의미이기도 하다. 무령왕은 재위 기간에 고구려와 전쟁에서 여러 차례 승리해서 다시 한강 유역으로 진출하는 발판을 마련했을 뿐만 아니라, 남으로는 대가야를 공격해 섬진강 하구 유역까지 영토를 넓혔다. 무령왕이 '갱위강국'의 기치를 다시 높일 수 있었던 것은 국가 내적으로도 치정에 힘을 쏟았기 때문에 가능했다.《삼국사기》에 다음과 같은 내용이 등장한다.

"510년(무령왕 10) 봄, 1월에 제방을 튼튼히 하고 농사를 짓도록 권장하였다."

다시 말해서, 농사를 지을 수 있는 환경을 조성하고 놀고먹는 사람들로 하여금 농지 개간과 농사에 종사하도록 해서 국가의 부를 축적하고 백성을 배불리 먹게 하는 정책을 폈다는 의미다. 후세의 역사가들이 무령왕을 '백제의 중흥 군주'라고 평하는 것은 단순히 전쟁만 잘했기 때문이 아니다. 이렇게 나라 안팎으로 국력을 강화하고 정치·사회적인 안정과 경제 성장 등을 이루면서 힘을 비축했던 것이다. 무령왕릉이 1,500년 동안 도굴되지 않고 잘 보존될 수 있었던 것은 재위 기간 20여 년 동안 훌륭한 정치를 하는 모습을 지켜본 땅의 신들이 보우했기 때문이 아닐까.

왕이 왕비에게 선물한 팔찌

무령왕릉에는 물론 금붙이만 들어 있었던 것은 아니다. 금 이외에도 은과 동, 철 등을 단독으로 사용했거나 혹은 혼합해서 사용한 금속제 유물이 다수 발견됐다. 그중에서도 특히 국보 제160호인 무령왕비의 은제 팔찌가 돋보인다. 무령왕릉은 무령왕과 무령왕비의 합장묘인데, 팔찌는 왕비 쪽에서만 수습됐다. 왕과 왕비의 귀걸이와 목걸이가 모두 출토된 데 비해 팔찌는 왕비에게서만 발견됐다. 아마도 팔찌만큼은 여성만 착용했던 장신구로 추정된다. 무령왕릉에서 팔찌는 금제 팔찌가 두 쌍, 은제 팔찌가 두 쌍, 그리고 금·은제 팔찌가 두 쌍 등 총 여섯 쌍이 출토됐다.

그런데 왜 금제나 금·은제가 아닌 은제 팔찌가 국보로 지정됐을까? 여기에는 이유가 있다. 무령왕릉에서 출토된 팔찌 여섯 쌍 중에 유일하게 은제 팔찌 한 쌍 안쪽 부분에 다음과 같은 글귀가 적혀 있었기 때문이다.

> "경자년 2월에 다리多利가 대부인大夫人을 위해
> 만들었는데, (*무게가) 230주主이다."

무령왕비가 평소 착용했을 것으로 추정되는 아름다운 은제 팔찌. 겉면에는 두 마리의 용이, 안에는 제작 과정에 관한 글귀가 적혀 있다. (ⓒ국립공주박물관)

이때 경자년은 520년(무령왕 20)이고, 다리는 제작자의 이름으로 보이며, 230주는 약 165그램 정도에 해당한다. 아마도 대부인, 즉 왕비를 위해 팔찌를 만든 사람이니 다리라는 사람은 당대 최고의 장인이었을 가능성이 높다. 또한 왕비에게 팔찌를 만들어 선물하려고 다리에게 제작을 의뢰한 사람은 당연히 왕인 무령왕이었을 것이다.

무령왕릉 발굴 당시 이 은제 팔찌 한 쌍은 왕비의 왼쪽 손목 부근에서 발견됐다. 금제 팔찌 한 쌍은 왕비의 오른쪽 손목 부근에 놓여 있었고 나머지 팔찌들은 모두 발 부근에 있었다. 위치를 고려했을 때, 은제 팔찌와 금제 팔찌 각 한 쌍은 평소에 왕비가 착용하고 있었던 것을 그대로 껴묻거리로 넣었다고 추측할 수 있다.

게다가 모양이 비교적 단순한 금제 팔찌에 비해 이 은제 팔찌는 겉면에 두 마리의 용이 새겨져 있다. 이 용들은 머리를

역사의 보물창고 백제왕도 공주

뒤쪽으로 돌리고 서로 꼬리를 물듯이 연결되어 있어 마치 살아 움직이는 것 같다. 이렇게 잘 만들어진 팔찌를 선물했다는 것은 아마도 520년이 왕비의 기념적인 해였거나 무슨 경사가 있었기 때문에 특별히 선물했을 것이라고 추정된다.

이렇듯 무령왕릉은 아주 많은 유물과 이야깃거리를 우리에게 안겨줬다. 하지만 여전히 밝혀내야 할 부분이 많다. 우리가 문화재에 더욱 관심을 갖고 고고학 발전에 박차를 가해야 하는 이유가 바로 여기에 있다.

삼국시대 무덤 양식 변천사

무덤은 죽은 자의 시신을 위생적으로 처리하기 위한 것으로, 처음에는 땅을 파서 구덩이를 만들고 시신을 넣은 후 흙을 덮는 형식의 단순한 무덤을 만들었다. 그러나 사후세계에 대한 인식이 발달하면서 무덤은 죽은 자의 영혼이 머무는 장소가 되었으며, 그에 따라 죽은 이를 기리는 장소라는 의미가 더해졌다.

고구려 고분

무덤의 형태는 문화와 자연환경에 따라 지역마다 다양하게 발전했다. 처음에는 단순한 형태의 무덤이 출현하였다. 땅을 파서 구덩이를 만들고 그 안에 시신을 넣고 묻는 '움무덤'이나 지표면에 시신을 놓고 그 위를 강돌로 덮어 만든 '돌무지무덤'을 만들었다. 이후 점차 무덤을 만드는 방식이 정교해졌다. 나무나 토기로 관을 만들어 시신을 모신 후 묻기도 하고(널무덤, 독널무덤), 널을 2차로 보호하는 곽을 만들기도 했다(덧널무덤).

압록강변을 중심으로 세력을 쌓은 고구려는 주로 돌을 이용한 무덤을 만들었다. 단순히 돌로 시신을 덮는 방식에서 점차 기술이 발전하여 돌로 관을 만들거나(돌널무덤), 돌로 시신을 모실 방을 만들고 그 방을 다시 돌을 촘촘히 쌓아 덮기도 했다. 장군총은 시신을 모신 돌방을 다시 네모난 돌을 계단식으로 쌓아 덮은 계단식 '돌무지무덤'으로, 이 무덤 형태 중 가장 발전된 것이다. 이후에는 합장이나 추가장이 쉬운 형태인 '굴식 돌방무덤'을 만들고 벽에 그림을 그려 넣으면서 고구려의 독창적인 벽화무덤이 만들어졌다. 고구려 고분에 그려진 벽화는 당시 고구려의 의복, 생활상, 가옥 구조 등을 보여주는 중요한 자료다.

①은 계단식 돌무지무덤을 대표하는 장군총이다.(ⓒBart0278). 광개토왕 혹은 장수왕의 무덤으로 추정하고 있다. ②는 강서대묘의 사신도 벽화 중 현무 그림. 국립중앙박물관에 재현되어 있다. (ⓒ메디치미디어)

신라 고분

신라의 특징적인 무덤 형태는 천마총, 황남대총 등으로 대표되는 '돌무지덧널무덤'이다. 돌무지덧널무덤은 시신을 나무관에 모시고, 이 관을 다시 나무로 된 곽 안에 넣은 후, 각종 껴묻거리를 함께 넣고 봉하여 자갈과 흙을 차례대로 덮어 봉분을 만든 것이다. 이 무덤

①은 신라시대의 대표 돌무지덧널무덤으로 경주역사유적지구 대릉원 안에 있는 천마총의 입구 모습이다. (ⓒJulien Ambrosiano) ②는 천마총 안에서 발견된 3점의 천마도 중 하나인 백화수피제 천마문 말다래로 국보 207호로 지정되어 있다. (ⓒ국립중앙박물관)

은 한번 만들면 봉분 전체를 걷어내기 전까지 나무곽을 들어내기 어렵기 때문에 도굴의 피해가 적었다. 정식으로 무덤을 발굴하면서 세상에 알려진 화려한 유물들을 통해 당시 신라의 문화상을 보여주었다.

백제의 무덤은 어떻게 변모해왔을까?

이른 시기의 백제는 지금의 서울을 중심으로 성장한 마한의 소국 중 하나로, 한강 유역을 기반으로 했다. 나머지 한반도 서남부 지역에는 목지국을 비롯한 마한의 여러 소국이 있었다. 그렇기 때문에 초기에는 백제의 영역이었던 한강 유역과 그 외 지역은 서로 무덤을 만드는 방식이 달랐다.

온조 설화를 보면, 고구려에서 내려온 주몽의 자손들이 백제를 세웠다고 전한다. 이러한 기록을 뒷받침하듯 초기 백제 왕실의 묘역으로 추측되는 석촌동 고분군에서 고구려의 무덤 양식인 돌무지무덤이 발견되었다. 하지만 같은 시기에 전라도 지역에서는 주로 나무널이나 독널을 사용한 움무덤을 만들었다.

　　고구려 장수왕의 공격으로 한성이 함락되면서 백제는 수도를 지금의 충남 공주시, 즉 웅진으로 옮겼다. 그러면서 백제는 중국과 문화 교류에 더욱 힘을 쏟았고, 지금의 전라도 지역의 마한 세력을 적극적으로 포섭했다. 무덤 양식과 관련해서는 중국 남조시대를 특징짓는 벽돌무덤 양식을 받아들이고, 또한 고구려에서 유행하던 굴식 돌방무덤 양식도 수용했다. 백제의 벽돌무덤으로는 무령왕릉과 송산리 6호분이 대표적인데, 이러한 벽돌무덤은 웅진 시기에 일시적으로 만들어졌다.

　　그에 비해 굴식 돌방무덤은 점차 백제 지역에서 일반화되었고, 전라 지역에서도 이러한 형태의 무덤이 만들어졌다. 백제의 대표적인 굴식 돌방무덤으로 능산리형 석실을 꼽는데, 이는 판석을 사용하여 석실의 벽과 천장을 만들고, 석실의 단면이 육각형인 형태다.

①은 초기 백제 고분군의 하나인 석촌동 4호분을 재현한 것이다. 3단으로 석축을 쌓은 돌무지무덤으로 높이는 약 2.2미터다. ②는 부여 능산리 동하총을 재현한 것으로, 큰 판석을 정교하게 다듬어서 만든 굴식 돌방무덤이다. 동서남북의 네 벽면에는 사신도를 그렸다. (ⓒ메디치미디어)

4장
웅진백제 사람들은
무엇을 믿었을까

때로 역사 속의 한 문장이 세계인의 눈을 사로잡는 한 편의
드라마가 되기도 하고, 새로운 발견의 시작점이 되기도 한다. 발굴 역시
마찬가지다. 역사에 기록된 짤막한 한 문장이 수십 년에 걸친
대형 발굴 프로젝트로 이어진다.

왕실의 장례 의식을 치룬 장소, 정지산 유적

유적지를 통째로 옮기면 되겠습니까?

"그럼 유적지 부분을 통째로 다른 곳에 옮겨드리면 되지
않겠습니까?"

공사 현장 담당자가 이 한마디를 던지는 순간, 회의장에는
싸늘한 정적이 흘렀다. 오랜 시간을 끌며 결론을 내리지 못하던
회의 중 진퇴양난에 처한 공사 현장 담당자가 절망적인 심정으로
던진 말이었다. 회의에 참석했던 문화재위원들은 시공사의
답답한 심정을 충분히 이해하면서도 현존하는 유적의 위치를
바꾸는 것이 무엇을 의미하는지, 그리고 그렇게 하면 안 되는
이유가 무엇인지 다시 설명할 생각을 하니 눈앞이 캄캄했다.
1996년 12월 어느 추운 겨울날에 벌어진 일이다.

당시 공주에서는 백제문화권 종합개발계획에 따라 공주와
부여를 연결하는 백제큰길 공사가 한창이었다. 1995년 3월
하순에 착공한 뒤 공주 시내를 관통하는 구간까지 공사를 마친
상태였고 금강을 건너는 백제큰다리 교량을 건설하고 있었다.

항공사진으로 촬영한 정지산과 주변 풍경. 금강을 건너 가운데 부분의 터널로 빠져 나가는 것이
백제큰길이다. 터널 위가 정지산 유적이며, 거기서 직선으로 올라가면 만나는 푸른 숲이 공산성이다.
(ⓒ문화재청)

이제 정지산을 깎아내고 그 위로 연결 도로를 건설하면 주요
공사를 마무리하는 상황이었다.

그러나 그 전에 반드시 거쳐야 할 절차가 있었다.
문화재 지표조사였다. 문화재가 발견될 가능성이 있는 곳은
문화재보호법에 따라 반드시 거쳐야 하는 과정이었다. 도로
건설 현장 관계자든 누구든 따를 수밖에 없는 절차다. 그동안
정지산은 별로 특별할 게 없어 보였던 곳이라 조사도 큰 기대
없이 시작했다. 그런데 지표조사를 시작하고 백제시대의 것으로

공주 정지산 유적 발굴 종료 후 모습. (ⓒ문화재청)

추정되는 기와 조각이 다수 수습됐다. 정지산 정상에 유적이
있을 가능성을 확인한 것이다.

결국 그 이듬해인 1996년 2월부터 12월 초까지
국립공주박물관에서는 실제로 유적이 있는지 확인하기 위해
구제 발굴조사를 시행했다. 이 과정에서 기와더미와 연꽃무늬
수막새를 확인했다. 또한 정지산 정상에서 수많은 기둥 구멍과
건물터로 추정되는 유구와 구덩이도 찾았다. 이는 이전까지
국내에서 발견된 적이 없던 매우 특이한 구조였기 때문에 발굴을
진행하던 담당자들도 매우 놀랐다. 국립공주박물관은 이 유적의

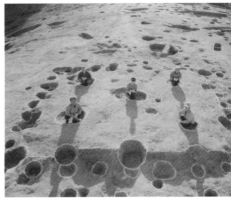

<table>
<tr><td>①</td><td>②</td></tr>
</table>

정지산 유적 발굴 당시 작업 모습. ②는 기와 건물터 구멍에 들어가 크기를 가늠하는
모습이다. (ⓒ국립공주박물관)

무조건 보존을 주장할 수밖에 없었다. 유적을 통째로 옮겨준다는
말은 그야말로 어불성설이었다.

이렇게 되자 시공사 담당자들은 매우 곤란해졌다. 이제
와서 설계를 변경해 도로의 위치를 바꿀 수도 없었고, 그렇다고
공사를 중도에 그만둘 수도 없는 일이었다. 시공사 입장에서는
예정대로 정지산 정상을 통과하는 도로를 만드는 방법 외에는
다른 선택지가 없었다. 그런 연유로 오랫동안 수차례에 걸쳐서
문화재청과 회의를 했던 것이다.

그렇다 해도 문화재보호법으로 정해진 원칙을 거스를
수는 없는 법. 결국 도로가 정지산 정상을 지나는 대신,
정지산 아래에 터널을 뚫어서 도로의 경로 변경을 최소화하는
방법으로 절충안이 정해졌다. 물론 예정에 없던 터널 공사를

해야 했고, 다리의 높이를 맞추기 위해 이미 세워둔 교각을 깎아내는 번거로운 작업을 해야 했지만 말이다. 이렇게 해서 만들어진 것이 오늘날의 정지산터널이다. 1998년 완공하려고 했던 백제큰길은 예정보다 4년이나 지난 2002년 11월 24일 개통되었다.

과연 어떤 유적이었기에 도로 설계를 변경하여 터널까지 뚫고 공사 기간도 두 배 이상 늘리면서 보존해야 했던 것일까? 그리고 그 특이한 구조의 쓰임은 무엇이었을까?

울타리로 금을 그은 신성한 공간

정지산 유적이 웅진백제기의 유적지 중에서 매우 독특한 시설이었으리라는 증거는 발굴 과정에서 드러난 건물터의 특이한 흔적에서 찾아볼 수 있다. 발굴조사 결과 정지산 유적은 건물을 세우기 전에 원래 들어서 있던 움집터(수혈주거지) 등을 철거하고 산 정상을 인위적으로 깎아내어 평평하게 만들었다. 그런 뒤에 건물을 지은 것으로 파악된다.

유적 가운데 기와건물을 세운 것으로 보이는 것이 있는데, 이곳은 조사 이전부터 약간 볼록하게 돌출되어 있었고, 그 주변에서 다량의 기와가 수습됐다. 보통 건물을 지을 때는 지반을 평평하고 단단하게 다지는 작업을 하기 마련인데, 정지산 유적의 기와 건물터에서는 그런 모습이 확인되지 않았다. 건물터의 구조도 매우 특이해서 주춧돌이 없이 암반층에 구멍을 뚫고 그곳에 기둥을 박아 세운 형태가 남아 있었다.

　궁궐이나 관청 등이라고 보기에는 건물터 크기가 가로 8미터, 세로 6.4미터 정도로 너무 작았다. 게다가 이렇게 작은 건물터에 기둥만 약 40여 개가 3열로 배열되어 있었다. 기둥이 너무 빽빽해 사람이 활동할 수 있는 공간이 거의 없다. 이는 거주지로도 매우 부적합한 구조였다는 의미다. 특수 목적을 위해 지은 건물이 분명해 보였다.

　단순히 건물 한 채만 짓고 끝낸 것도 아니다. 기와건물터 외에도 건물의 흔적이 일곱 개나 더 발견됐다. 그중 두 채는 기와건물터 뒤에 나란히 세워져 한자로 品(품) 자의 형태를 이루며 울타리 안에 둘러싸여 있었다. 어떤 특정한 의도를 가지고 기획해서 대규모로 건물을 건축했다고 추측해볼 수 있는 부분이다.

　이 일곱 개의 건물은 지어진 방식도 특별했다. 네모반듯하게 도랑을 파고 그 안에 나무 기둥을 세운 다음, 사이사이를 흙으로 메워 벽을 만들고 지붕을 세우는 방식으로 건물을 지었다. 이렇게 건물 내부에 추가로 기둥을 더 세우지 않고 벽의 힘으로만 건물과 지붕을 지탱하는 건축 형태를 벽주 건물이라고 한다. 이는 지반을 단단하게 다지고 돌과 나무, 철 등을 이용해서 건물 곳곳에 기둥을 세워 하중을 분산하는 일반적인 건축법과는 또 다른 양상이다.

　그러나 백제시대에는 이런 방식을 잘 활용했던 것으로

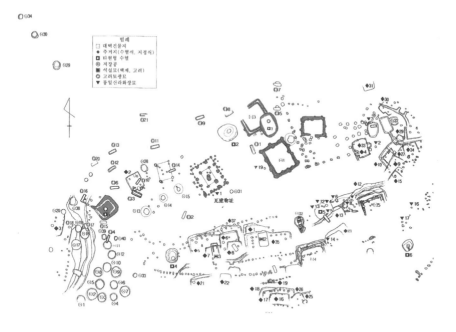

공주 정지산 유적 발굴보고서에 실린 유구 배치도. 색상이 표시된 부분은 국가시설로 추정되고 있다.
(©국립공주박물관)

보인다. 공주, 부여, 익산 등과 같은 웅진사비기의 주요
도시에서는 벽주 건물이 종종 발견되기 때문이다. 이를
백제의 특징적인 건축양식이라고 볼 수 있을 것이다. 또한 이
건축양식은 고대 일본의 중심지였던 나라, 오사카 지역에서도
발견된다. 백제는 일본과 활발히 교류하며 기술을 전해줬는데,
아마도 이때 이 건축양식이 백제인들을 통해 한반도에서 건너간
것이 아닌가 추측된다.

또 한 가지, 정지산 정상의 동쪽과 북쪽 사면에서는 여러

줄로 둘러싼 나무 울타리의 흔적이 발견됐다. 울타리의 기둥 구멍은 둥글며 지름은 약 30~40센티미터 크기로 정상부의 건물 기둥보다 크기가 좀 작다. 이런 기둥 구멍이 경사진 능선을 전체적으로 둥글게 감싸고 지나가고 있어 울타리라고 추정했다. 울타리는 사방으로부터 분리된 공간을 만들기 위한 장치다. 그렇다면 그 울타리 안쪽은 보호해야 할 귀중한 뭔가를 보관해뒀거나 일반의 출입을 금하는 신성한 공간이었다는 추론이 가능하다.

제례 시설의 결정적 증거

정지산 정상에서는 그곳의 용도를 짐작할 수 있는 유물이 몇 가지 수습됐다. 그중 가장 중요한 단서로 꼽을 수 있는 것은 연꽃무늬 수막새다. 연꽃무늬 수막새는 앞면에 여덟 장의 연꽃잎이 그려진 기와로 지붕의 처마 끝을 마감할 때 사용한다. 하지만 이 연꽃무늬 수막새는 아무 집에나 만들어 올릴 수 없었다. 백제시대에는 궁궐이나 절, 기타 중요한 건물의 지붕에만 이 연꽃무늬 수막새를 놓을 수 있었다. 따라서 정지산 유적에서 연꽃무늬 수막새를 발견했다는 것은 그곳에 국가적으로 매우 중요한 건물이 있었다는 이야기다.

유적지 곳곳에서 다양한 토기를 발견했다는 점도 주목할 만하다. 그릇받침과 세발토기, 뚜껑이 있는 접시, 술잔, 흙으로 빚은 등잔 등이 그것이다. 장구 모양으로 생긴 그릇받침도 총

공주 정지산 유적에서 출토된 기와 파편들. 당시 기와는 아무 곳에나 사용할 수 없던 것이기 때문에 이곳이 특별한 장소라는 증거가 되었다. (ⓒ국립공주박물관)

17점 정도 출토됐는데, 일반 가정에서 쓰는 모양이라고 볼 수 없는 그릇받침이다. 아마도 제사와 같은 특별한 의례에 사용했을 것으로 보인다. 또한 이 그릇들이 온전히 남아 있기보다 인위적으로 깨트린 채 남아 있었다는 점도 생각해볼 여지가 있다. 옛날에는 제사를 지낸 다음에 제사에 사용된 그릇을 모두 깨버리는 풍속이 있었다. 세발토기나 뚜껑 접시 역시 고급품으로 보이는데, 이 역시 각각 10여 점이 수습됐다.

　그릇이 다양하게 발견된 것 외에도 주목할 만한 사실이 있다. 생산지가 전북 고창, 전남 나주, 경북 고령이라는 점이 확인되었다는 것이다. 심지어 일본에서 제작된 토기도 섞여

①	②	정지산 유적지에서 출토된 각종 유물들. ①과 ③은 마름모무늬 벽돌 ②는 기와 파편이다.
	③	(ⓒ국립공주박물관)

있었다. 어떻게 전국 각지와 해외에서 생산된 그릇들이 한
곳에서 한꺼번에 발견됐을까? 분명 특별한 이유가 있었을
것이다. 다시 말해서, 특정한 행사가 열릴 때, 가령 빈소에
조문하러 왔을 때 가져온 선물이거나 지역 특산품 등을 담아온

그릇일 가능성이 크다.

정지산 유적에서 발견된 격자무늬 벽돌도 주목해서 살펴보아야 한다. 이 벽돌은 무령왕릉에 사용된 벽돌과 유사한 모양인데, 왕릉에 사용된 벽돌이 아무런 이유 없이 우연히 정지산 정상에서 발견됐을 가능성은 거의 없다. 이 벽돌이 제단에 사용됐는지 건물 축조에 사용됐는지는 정확히 알 수 없지만, 무령왕릉을 지으려고 특별히 구워 만든 벽돌과 같은 유물이 발견됐다는 것은 정지산 유적과 무령왕릉의 연관성을 떠올리게 한다.

이처럼 정지산 유적에서 확인된 건물지의 특징이나 출토된 유물의 성격으로 보아 이곳이 백제시대에 국가에서 만든 중요한 시설이었음을 알 수 있다. 그렇다면 이제 백제시대에 정지산 유적이 어떤 역할을 했는지 의문을 풀어볼 차례다. 무령왕릉에서 출토된 무령왕비의 묘지석에서 정지산 유적의 흔적을 찾을 수 있다.

27개월이 걸린 무령왕비의 장례

무령왕릉 지석에서 푼 정지산의 수수께끼

2006년에 사적 제474호로 지정된 정지산 유적의 용도는
흥미롭게도 무령왕릉에서 출토된 매지권에서 증거를 찾을 수
있다. 앞서 보았듯 매지권의 뒷면, 즉 무령왕비의 묘지에는
다음과 같은 내용이 적혀 있다.

> "병오년(526년) 12월 백제국 태비가 천수를 다해서
> 유지(서쪽 땅)에 가매장했다가 기유년(529년) 2월
> 갑오(12일)에 다시 장례를 치르고 대묘로 돌아오니
> 이를 이상과 같이 기록한다."

삼국시대에는 자子, 축丑, 인寅, 묘卯, 진辰, 사巳, 오午, 미未, 신申,
유酉, 술戌, 해亥의 12간지를 이용해서 방향을 정했다. 무령왕릉
지석에는 두 가지 방위가 기록되어 있다. 매지권에서 이야기하는
'신지申地' 서남쪽과 왕비 묘지의 '유지酉地' 서쪽이 그것이다. 이

공주 시내를 항공사진으로 촬영한 것에 공산성과 무령왕릉이 있는 송산리 고분군, 정지산 유적을
표시했다. (ⓒ충청남도역사문화연구원)

방위의 기준점에 대해 논란이 있을 수 있지만 공산성에서 바라본
방향일 가능성이 크다.

　여기서 다시 무령왕비의 묘지를 살펴보면, 526년(성왕 4)
12월에 '유지'에 가매장했다가 529년(성왕 7) 2월에 합장했다는
내용이 나온다. 이는 하루 이틀이 아니라 무려 27개월 동안
그곳에서 시신을 보존했다는 의미이므로 시신을 잘 놓아두고
보존할 시설이 정지산 정상에 지어졌으리라 짐작할 수 있다.

　정말로 정지산은 한 나라의 태비가 승하한 뒤에 그 주검을
안치해놓던 곳이었을까? 만약 그렇다면 정지산 정상에서 발견된

유적은 백제 왕실에 중요한 의미를 가지는 시설, 아마도 장례를 지내기 위한 제의 시설이었을 가능성이 높다.

산 위에서 찾은 빙고 시설

정지산 유적이 무령왕비의 제의 시설로 추정되는 근거는 발굴 과정에서도 찾을 수 있었다. 먼저 정지산 꼭대기에서 발견된 유구 중에는 모서리가 둥근 네모 모양으로 파인 넓은 구덩이가 여러 개 있었다. 그것도 그냥 구덩이가 아니라 그 안에는 작은 구덩이가 더 파여 있고, 땅속으로 터널을 내어 배수 시설처럼 만든 구덩이다. 이를 통해 얼음을 저장하는 빙고氷庫 시설이었다는 점을 유추할 수 있다.

　　위치상 정지산은 금강 바로 옆에 있어서 겨울철에 금강이 얼면 얼음을 구하기 쉬웠을 것이다. 이렇게 구한 얼음을 구덩이에 넣고 볏짚이나 왕겨 등으로 그 위를 덮은 다음, 나무로 만든 뚜껑으로 바깥 공기를 차단하면 오랜 기간 녹는 것을 방지할 수 있었다. 배수 시설을 만든 이유는 얼음이 조금씩 녹아 물이 생기면 그 물로 얼음이 더 빨리 녹기 때문에 이를 방지하기 위해 물을 상시로 빼낼 수 있도록 하려는 것이다.

　　빙고와 배수 시설의 흔적은 쉽게 이해할 수 있으나, 여기서 한 가지 의문이 생긴다. 왜 다른 곳을 놔두고 굳이 햇빛이 잘 드는 정지산 정상까지 얼음을 옮겨서 저장했을까? 뭔가 얼음을 활용할 다른 목적이 있는 것은 아닐까?

공주 정지산 유적 발굴 당시의 모습. 이 유구는 빙고 시설이었던 것으로 추정하고 있다.
(ⓒ국립공주박물관)

이는 정지산 유적이 제의 시설이었을 가능성을 뒷받침하는
단서다. 단순히 저장용 얼음이 아니라 왕비의 시신을 보존하기
위한 얼음이라고 하면 그곳까지 얼음을 가져다 저장해둔 것이
그럴듯하게 맞아떨어진다.

고대사회에서 왕이나 왕비의 죽음은 국가적으로 큰
사건이었으니 장례를 아주 성대하게 치르고 그 기간을
오래 두었을 가능성이 있다. 만약 그랬다면 어떻게 장례를
진행했을까?

백제에 남은 부여의 장례 풍습
한번 상상을 해보자. 먼저 전국 각지의 지방 세력가들과 외국
조정에 왕비의 죽음을 알려야 했을 것이다. 더군다나 무령왕

대에 국력이 강성해지고 중국, 일본 등과 같은 외국과 활발하게
교류했던 것을 고려하면, 다른 나라에도 왕비의 승하 소식을
전했을 것이다.

요즘처럼 교통과 통신이 발달하지 못했던 때 가장 빠르고
효율적인 통신 수단은 인편이었다. 그 점을 감안하면 지방이나
외국에서 이 소식을 듣고 왕비의 장례에 조문하기 위해 직접
방문하거나 대신해 누군가를 보내는 데 기본적으로 많은 시간이
소요되었을 것이다. 그런 만큼 빈소를 차리고 조문객을 맞는
기간이 길어질 수밖에 없지 않았을까. 조문객들도 예를 갖추기
위해서는 조의 선물도 정성스레 준비해 와야 하고 예를 올리는
시간도 오래 걸렸을 것이다. 이런 상황이라면 무령왕비를 사후에
바로 무덤에 매장하지 않고 오랫동안 가매장 상태로 뒀던 것이
이해가 된다.

사람이 죽은 뒤에 바로 묻지 않는 풍습은 사료에도 명확히
드러나 있다.

> "부여에서는 사람이 여름에 죽으면 모두 얼음을
> 채워둔다."
> ─《삼국지》〈위서〉동이전
> "시신의 아래에 얼음을 담은 접시를 두어 시신의
> 부패를 방지했다."
> ─《후한서》〈의례지〉

이렇듯 옛 기록에 나타난 장례 풍습에서 얼음의 사용 방법까지 상세하게 기술해놓은 것을 볼 수 있다. 백제가 부여의 유민이 세운 나라였고 백제 왕실의 성씨가 부여 씨였던 걸 감안하면, 이러한 장례 풍습이 당시까지 남아 있었으리라 추측해볼 수 있다. 따라서 웅진백제기에 이런 형태의 가매장을 행하는 방식은 특별히 새로운 것이라고 하기 어렵다.

한 가지 더, 왕비의 죽음과 같은 국가적인 대사를 치르기 위해서는 요즘으로 치면 장례를 치르고 조문객을 받는 빈소의 역할을 할 장소가 필요하다. 장례를 치르는 기간도 길고 조문객이 머무는 시간도 길어질 수 있기 때문이다. 그렇다면 얼음 저장고 시설의 존재는 필수적이다. 장례를 지내는 동안 죽은 이의 시신이 부패하면 안 되기 때문이다. 정지산 능선 꼭대기에 빙고 시설을 둔 것이 단지 얼음을 저장하기 수월했던 곳이라고 해석하기 어려운 이유다.

국가 운영의 주요 요소, 효와 충성

이렇듯 여러 단서를 통해 정지산 유적이 무령왕비를 위한 제의 시설이라는 가설을 유추해보았다. 이런 이유 이외에도 정지산은 공산성 왕궁이나 무령왕릉과 비교적 가까운 거리에 있어 접근성도 좋고, 왕비의 아들인 성왕이 찾아가서 예를 올리거나 다른 조문객들의 행렬을 경호하고 시설을 방어하는 데도 수월하다. 또한 공주 시내에서 훤히 잘 보이는 곳이어서

정지산 유적지에서 출토된 유물들. ①은 그릇받침 ②는 굽다리 접시들이다.
(©국립공주박물관)

백성들이 정지산에서 열리는 행사를 쉽게 지켜볼 수도 있다.
이런 여러 가지를 바탕으로 고고학계에서는 정지산을 제의
시설이라 추정하는 것이다.

　　그렇다면 이제 마지막으로 남은 의문점이 있다. 왜
백제에서는 이렇게 눈에 잘 띄는 높은 곳에 제의 시설을 만들어
무려 27개월이나 시신을 보관했을까? 단순히 조문객을 받기
위해 그렇게 했던 것일까? 꼭 그래서만은 아닐 것이다. 물론
요즘 사람들은 지나치게 긴 기간이라 생각할 수도 있겠지만,
당시 왕비의 죽음은 말 그대로 '국가적인 애사'였다. 삼국시대에

①	②
③	④

정지산 유적지에서 출토된 각종 유물들. ①은 고배 ②는 등잔 ③과 ④는 토기다.
특히 ④는 백제 토기를 대표하는 세발토기 중 하나로 뚜껑까지 같이 출토되었다.
(ⓒ국립공주박물관)

치러온 3년상이 성왕 재위 연대가 되면 왕실의 장례 절차가 어느 정도 정형화되어 27개월로 고정되었으리라 추정해볼 수도 있다.

또 한 가지 생각해볼 부분이 있다. 왕비의 장례 의식을 격식을 차려서 진행했다면 의례의 주재자가 누구였는지도 중요하다. 무령왕비의 장례는 당연히 아들인 성왕이 주재했을 텐데, 단순히 효의 정신으로 돌아가신 부모를 위해 공양하는 것 이상의 큰 의미가 있었다. 아마도 이를 통해 '효'라는 관념을 만천하에 널리 보여주고 이를 매개로 왕실의 권위를 세우고 전국적인 추모 열기를 이끌어 내고자 했을 것이다.

당시 효의 개념을 널리 알리는 것은 국가 운영에 중요한 요소였다. 왕실에서 선왕 대의 유지를 받들고 더욱 강성한 나라로 발전시키고자 하는 의지를 표명하는 행동이기 때문이다. 이를 통해 성왕은 자신의 정당성을 다시 한 번 확보할 뿐만 아니라 장례를 손수 주관하는 모습을 보임으로써 나라의 질서를 바로 세울 수 있었을 것이다. 그렇다면 왜 왕비의 장례를 그렇게 오랜 기간 성대하게 치렀는지 이해가 된다.

어쨌든 정지산 유적은 중요한 국가대사를 치르고 왕권과 국력의 강성함을 널리 알리는 장소로 사용됐다. 오늘날 정지산 유적을 국가 사적으로 보호하고 중요한 문화재로 평가하는 이유도 이런 숨은 뜻을 반영했기 때문이 아닐까.

대통사를 찾아서

《삼국유사》속에 남은 한 줄

역사가 지닌 위력은 대단하다. 역사 속의 한 문장이 세계인의 눈을 사로잡는 한 편의 드라마가 되기도 하고 새로운 발견의 시작점이 되기도 한다. 발굴 역시 마찬가지다. 때로는 역사에 기록된 짤막한 한 문장이 수십 년에 걸친 대형 발굴 프로젝트로 이어진다.

대통사大通寺를 찾기 위한 노력도 역사서에 남은 짧은 한 문장에서 시작됐다. 대통사는 백제 사찰 가운데 가장 이른 시기의 창건 연대와 흔적을 알 수 있는 사찰이다.

> "대통 원년 양나라의 황제를 위해 웅천주에 절을
> 창건하고 대통사라 이름하였다."

우리에게 잘 알려진 《삼국유사》에 남겨진 문장이다. 이 문장을 좀 더 자세히 들여다보자. 여기서 '대통 원년'은 성왕 5년, 즉

《삼국유사》에서 대통사에 관한 기록이 담긴 대목. (ⓒ국사편찬위원회)

서기 527년을 뜻한다. '양나라의 황제'는 당시 중국 남조시대의
양나라를 통치했던 무제武帝를 가리키며, 대통大通은 바로
양나라 무제가 당시에 사용했던 연호다. 그리고 '웅천주'는
통일신라시대에 공주를 일컫던 지명이다. 기록의 지명을
'웅진'이 아니라 '웅천주'라고 한 것은《삼국유사》를 지을 당시
통일신라시대의 기록을 참고했기 때문이다. 이렇듯《삼국유사》
속 한 문장에 사찰 이름과 창건 시기 그리고 창건 목적과
개략적인 위치까지 모두 드러났다고 볼 수 있다.

얼핏 보면 매우 명확해 보이지만, 이 문장만으로 실제
대통사가 있었는지 그 위치는 어디였는지 정확히 파악하기는

항공사진으로 촬영한 공주 시내. 화면 정가운데 초록색 녹지에 반죽동 당간지주가 있으며, 이곳 주변을 대통사터로 추정한다. (ⓒ한얼문화유산연구원)

어렵다. 《삼국유사》에서 얻은 단서로 미루어보면 공주 어디엔가 남아 있거나, 최소한 그 터라도 확인할 수 있어야 한다. 하지만 공주 어느 곳에서도 대통사의 모습이나 흔적은 찾아보기 어렵다. 그렇다면 《삼국유사》 기록이 잘못된 것일까? 혹시 일연이 언급한 대통사가 공주가 아닌 다른 지역에 세워진 절을 가리키는 것은 아닐까?

　　이런 경우에는 다른 역사 기록과 비교·대조해 사실 여부를 가린다. 하지만 여기에는 더 큰 난관이 있다. 앞에서 본 《삼국유사》의 한 문장이 대통사에 관한 유일한 기록이기 때문이다. 다른 기록 어디에도 대통사에 관해서 언급된 내용이

없다. 다시 말해서 《삼국유사》에서 찾은 대통사에 관한 단서는
퍼즐의 아주 작은 한 조각이자 유일한 조각인 것이다. 대통사가
실제로 있었는지 파악하려면 사라진 다른 조각을 하나씩
찾아가는 수밖에 없다. 예전에 대통사가 확실히 존재했으나 어느
순간에 불에 타거나 무너졌다면 그 절이 있었다고 추정되는 터,
즉 대통사터大通寺址라도 찾아야 했다. 대통사의 터를 찾기 위한
발굴 프로젝트는 그렇게 시작됐다.

퍼즐: 대통교, 당간지주 그리고 기와 조각

대통사라는 이름은 찾을 수 없었지만, 단서가 아무것도 없던
것은 아니다. 다행히 조선 후기에 공주목에서 발간한 읍지인
《공산지》(1859)와 《공주목지도》(1872)에서 또 다른 단서를
하나 발견했다. 이 두 기록에는 대통사의 이름을 따서 붙였다고
추정되는 '대통교'라는 다리 이름이 실려 있다. 이를 근거로 그
인근 지역인 제민천변과 반죽동 일대에 대통사터가 있었으리라
추리할 수 있었다. 학계에서도 백제의 웅진 천도 이후 제민천에
놓았던 다리 '웅진교'를 대통사 건립 이후 '대통교'라고 불렀다는
견해를 내놓기도 했다. 간접적으로나마 대통사터를 발굴하기
위한 조사 범위를 좁히는 단서를 얻은 셈이다.

　또 다른 퍼즐 조각은 지금도 대통사터로 추정되는 곳에
당당히 서 있는 보물 제150호 당간지주다. 사찰에서 큰 법회나
행사가 있을 때 대중에게 알리려고 당幢이라 불리는 깃발을

내거는데, 그때 깃발을 걸기 위해 깃대(당간)를 세우는 지지대로 쓰는 한 쌍의 돌 구조물을 당간지주라 한다. 대개 사찰의 입구나 절의 경계에 있으며, 당간지주의 크기는 그 사찰의 규모를 짐작할 수 있는 가늠자 역할을 한다. 어른 키의 두 배 가까이 되는 이 당간지주의 높이는 329센티미터이며, 기둥(지주)을 받치는 지대석 위에 놓여 있고, 양 기둥 안쪽의 윗부분과 아랫부분에는 깃대를 고정할 수 있도록 네모난 홈이 파여 있다. 제작 양식으로 미루어볼 때 만들어진 시기는 통일신라시대로 추정된다. 백제 때 만들어져 그후 오래 남아 있었을 가능성을 생각하면 통일신라시대의 당간지주라도 대통사의 자취를 짐작할 수 있는 유물임에 틀림없다.

반죽동 당간지주. 보물 제150호로 지정되어 있다. 높이가 3미터가 넘는 큰 유물이다.
(ⓒ메디치미디어)

한편, 일제강점기 때 시행했던 하수도 공사를 통해서도 대통사의 흔적을 찾아볼 수 있었다. 이 과정에서 기둥을 받쳤던 돌인 초석과 '대통'이라는 글자가 새겨진 기와, 그리고 연꽃무늬를 장식한 수막새가 발견됐다. 이와 함께 사찰에서 썼다고 추정되는 석조石槽 두 개가 조사되기도 했다. 이로써 대통사의 존재를 확인할 수 있었을 뿐만 아니라, 당간지주가 있는 위치에서 북쪽 지역에 해당하는 반죽동 지역에 대통사가 있었을 거라는 추측이 가능하다.

대통사터의 정확한 위치를 찾기 위한 발굴은 2000년 즈음에 본격적으로 시작했다. 이번에는 당간지주가 서 있는 부근을 집중적으로 조사하여 통일신라시대에 만들어진 것으로 추정되는 수막새를 포함해 각종 기와를 발굴해냈다. 적지 않은 성과를 거뒀지만, 그때도 가장 결정적인 단서인 절터는 발견하지 못했으며 백제시대의 유물이나 유적도 발견하지 못했다. 당간지주가 있는 땅 밑을 시굴해 보았지만 근대에 만들어진 우물만 발견됐다. 이는 우물을 덮은 후에 다른 곳에 있었던 당간지주를 이곳으로 옮겨왔다는 의미였다. 결국 당간지주는 사찰이 존재했음을 알려주는 중요한 근거였지만, 이 당간지주로부터 사찰이 어느 방향으로 얼마나 떨어져 있었는지는 알 수 없었다.

그러나 이를 확인하기 위해 무작정 발굴조사를 강행할 수는 없었다. 대통사터로 추정되는 자리에는 오래전부터

2018년 대통사터로 추정되는 곳의 발굴조사 모습. (ⓒ한얼문화유산연구원)

시가지가 조성되어 있기 때문이다. 따라서 새로이 도시계획을 세워 개발하거나 큰 건물을 새로 짓지 않는 한 멀쩡히 들어선 건물 아래를 마음대로 파볼 수는 없었다. 그렇다고 최종 목표를 달성하기 전에 조사를 멈출 수도 없었다. 진퇴양난이었다.

기와무덤에서 찾은 대통사

2013년에 다시 반죽동 일대에서 발굴을 진행했다. 이번에는 대통지사大通之寺라고 적힌 고려시대 기와가 발견됐다. 이는 대통사가 삼국시대, 통일신라시대를 거쳐 《삼국유사》가 쓰인 고려시대까지 존재했다는 사실을 입증하는 증거였다. 이 밖에도 반죽동 인근인 봉황동과 금학동에서 수차례 발굴 끝에 기왓장을 발견하는 성과를 거뒀다.

2018년에 다시 한 번 좋은 기회가 생겼다. 반죽동 시내에 있는 한 한옥 건물의 신축부지 공사가 접수된 것이다. 공사를 시작하기 전에 문화재 지표조사를 해야 했다. 이 발굴조사에서 획기적인 유적을 발견했다. 오늘날의 지표면보다 2미터가량 아래에 자리한 백제시대의 지면을 찾아낸 것이다. 그리고 그곳에서 웅진백제시대인 6세기 전반의 것으로 추정되는 '기와무덤(사용하고 난 쓸모없는 기왓장들을 버려둔 건축자재 폐기장과 같은 장소, 폐와무지라고도 한다)'과 '집석유구(돌더미)'를 발견했다.

옛날 사람들이 썼던 쓰레기더미만 발견한 것은 아니었다. 그 안에서 기와와 토기, 벽돌 등의 유물을 수습했다. 한때 화려한 위용을 자랑하던 옛 사찰의 흔적을 기와무덤에서 찾아냈다는 사실이 다소 모순적이지만, 이곳에서 단순히 몇 개의 조각이 아니라 20여 평의 좁은 부지에서 약 2만여 개의 조각이 나왔을 정도로 어마어마한 양의 기와를 발견했다. 그뿐만 아니라 통일신라시대와 고려시대의 기와들도 골고루 수습됐다.

그러나 아직도 대통사의 위치를 콕 짚어줄 마지막 단서를 확인하진 못했다. 백제시대의 사찰 양식에 해당하는 건물들, 즉 금당, 강당, 석탑, 중문 등 가람배치의 흔적을 찾지 못했기 때문이다. 여전히 대통사터 발굴은 현재 진행형이다. 2018년 이후에도 반죽동 일대에서는 '새로운 퍼즐 조각'을 찾기 위한

2018년 반죽동에서 출토된 대통사 이름이 새겨진 기와 파편과 각종 벽돌들. (ⓒ한얼문화유산연구원)

조사가 계속되고 있다. 이와 함께 백제의 불교 관련 유물이
출토된 적 있는 봉황동과 금학동 지역에서도 계속해서 발굴
작업을 진행하고 있다. 현재는 주거지와 공주교대 등이 있어
진행이 쉽지 않지만, 조만간 이 지역에서 발굴조사를 진행한다면
더 많은 결정적인 단서를 찾을지도 모른다.

　　역사에 기록된 한 문장에서 시작된 대통사터 발굴은
오랜 노력을 거쳐 이제 예전 대통사의 진짜 위치와 모습을
찾아내기 직전까지 왔다. 기회와 시간의 문제일 뿐이다. 땅속
곳곳마다 역사가 숨어 있는 공주 지역답게 앞으로도 더욱
활발하게 발굴조사를 할 것이며, 머지않아 유서 깊은 백제 사찰
대통사터의 흔적도 우리 앞에 나타나리라 믿는다.

유물로 남은 대통사

금당과 강당 사이, 석조 한 쌍

대통사터 발굴조사에서 찾은 유물은 어떤 것이 있는지 알아보자.
가장 먼저 두 개의 석조가 조사되었다. 반죽동에서 발견된 보물
제149호 석조는 큰 화강암의 속을 파내어 만든 둥근 그릇의
형태로 입구 가장자리에는 굵은 돌기 처리가 되어 있고, 석조의
바깥쪽 사방 네 곳에는 각각 꽃잎이 여덟 개 붙은 연꽃을 새겼다.
또한 석조 밑부분에 한 줄짜리, 가운데 부분에는 두 줄짜리
띠를 둘렀다. 그 아래에는 그릇을 받치는 원형 기둥과 전체를
떠받치는 너른 돌판이 있으며, 원형 기둥에는 불교를 상징하는
화려한 연꽃잎 무늬를 새겨 넣었다. 이는 통일신라시대에 주로
만들었던 직사각형 석조와 다른 형태다. 그리고 조각 양식이나
연꽃무늬가 백제의 불교 미술 연구에 귀중한 자료가 된다는
점에서 역사학적으로 큰 의의가 있다.

　　보물 제148호인 중동 석조는 일제강점기에 현
중동초등학교에 주둔했던 일본군이 말 먹이를 담는 구유로

①
②

대통사 마당에 놓여 있었을 것으로 추정되는 석조 한 쌍. 지금은 공주국립박물관 야외 전시장에 함께 놓여 있다. ①은 반죽동 석조라 불리는 것이고, ②는 중동 석조라 불리는 것이다. (ⓒ국립공주박물관)

사용하려고 가져다 놓았기에 그렇게 이름이 붙여졌다. 그 과정에서 받침 기둥과 몸통 일부가 훼손되었지만, 전체적인 모양이나 조각 방법, 양식 등은 반죽동 석조와 비슷하다. 현재는 다행히 반죽동 석조를 참고하여 기둥 등을 복원한 상태이며, 두 석조는 국립공주박물관의 야외 전시장에서 확인할 수 있다.

모양은 조금 달라도 학계에서는 이 두 개의 석조가 한 쌍을 이루어 대통사의 금당과 강당 사이에 놓여 있었으리라 추정한다. 다른 사찰에서 발견된 석조보다 큰 편이어서 대통사 건물의 크기가 상당했을 것으로 추측하는 근거가 되기도 한다. 두 석조 모두 이제는 풍화 현상 때문에 겉면이 많이 닳았지만 백제 문화의 귀족적인 풍모와 단아함을 느끼기에 충분하다. 대통사에 있었을 때는 맑은 물을 담고 연꽃잎을 띄운 채 절 앞마당에 중후한 무게감을 주며 조용히 자리 잡고 있지 않았을까.

장인의 지문까지 남은 기와

대통사터로 추정되는 지역과 그 외의 인근 지역에서 수습된 유물 중 가장 많이 발견된 것은 기와다. 여러 종류가 발견되었는데, 대다수는 지붕을 덮을 때 쓰는 평기와(수키와, 암키와)다. 대부분 문양이 없거나 지워진 것들이지만, 일부 등 면에서는 새끼줄 문양이나 줄 문양을 찾아볼 수 있다.

부채꼴로 오목한 형태인 암키와 중에는 등 면에 대통 혹은 대大라는 글자를 동그란 도장에 새겨서 기와의 등 면에 각인한 것이 있는데, 이를 인각와라고 부른다. 이 인각와는 일제강점기에 반죽동 당간지주 주변에서 수습된 유물이다. 인각와는 최근 공주 지역에서 여러 점 출토되었으며 부여에서도 발견된 바 있는 백제시대의 대표적인 기와다.

대통사에 사용된 수키와는 위로 볼록한 모양이며 안팎에서 보이는 옆면이 모두 직각에 가깝게 제작되었다. 이는 부여 지역

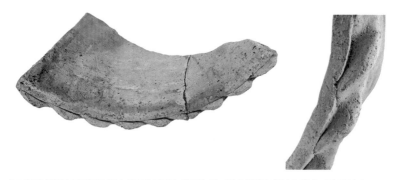

2018년 반죽동 기와무덤에서 출토된 지두문 암막새. 둥그렇게 들어간 부분에 백제 기와 장인의 지문이 남았다. (ⓒ한얼문화유산연구원)

정암리 가마나 청양의 왕진리 가마에서 출토된 수키와와 차이를 보인다.

추정 대통사터에서는 처마 끝을 막는 기와인 막새도 여러 점 출토되었다. 암키와의 끝단을 막는 기와를 암막새, 수키와의 끝단을 막는 기와를 수막새라고 하는데, 암막새 중에는 손가락이나 동그란 봉으로 눌러 문양을 만든 지두문 암막새가 눈에 띈다. 손가락으로 눌러 문양을 만들었기 때문에 눌린 부분에는 백제 기와 장인의 손길이 느껴질 정도로 선명한 지문이 남아 있다. 이런 기와는 대통사에서 여러 형태가 만들어져 사용됐다. 또한 이 지두문 암막새는 중국 남북조시대의 남경과 낙양, 대동 등지에서도 발견되는 것으로 보아 중국 남조로부터 유입된 기술로 제작되었음을 알 수 있다.

암막새와 마찬가지로 수막새도 다양한 종류가 발굴되었다. 그중에서도 꽃잎이 여덟 장인 연꽃무늬가 새겨진 연꽃무늬

2018년 반죽동 기와무덤에서 출토된 치미 조각과 부연와 조각, 기와 파편. (ⓒ한얼문화유산연구원)

수막새가 대표적이다. 이들 중에는 527년 대통사 창건
당시에 제작되어 지붕에 얹은 기와도 있어 백제시대의 숨결이
느껴지기도 한다. 특히 연꽃잎의 판이 스키점프대처럼 약간씩
높게 일어나 들뜬 판단융기식 수막새와 연꽃잎 끝에 구슬처럼
문양이 맺힌 판단원형돌기식 수막새는 대통사 창건기와로
보아도 무리가 없다.

온갖 기와들의 향연

대통사터로 추정되는 곳에서 발굴한 수막새 중에는 마루
수막새도 한 점 포함되어 있다. 놀랍게도 기와무덤에서 거의
완전한 형태로 남아 있었는데, 현재까지 발견된 삼국시대의 마루
수막새 중 가장 상태가 양호한 유물이라는 점이 인상적이다.
　　이 수막새들은 중국 남북조 시기의 기와 양식과 매우
유사하다는 특징을 지닌다. 이는 대통사의 기와 양식이 당시

①과 ②는 반죽동 기와무덤에서 출토된 기와 유물들. ①은 판단융기식 연꽃무늬 수막새, ②는 판단원형돌기식 연꽃무늬 수막새다. ③은 일본 아스카데라에서 출토된 연꽃무늬 수막새다. (ⓒ한얼문화유산연구원)

남조에 해당하는 양나라의 기와 제작 양식과 문양에 영향을 받았음을 의미한다. 하지만 단순히 중국의 것을 모방하는 데 그치지 않고 백제만의 독특한 양식으로 발전시켰다. 이렇게 제작된 대통사 수막새는 이후 백제가 지은 다른 절들뿐만 아니라 신라 최초의 사찰인 흥륜사興輪寺와 일본 최초의 사찰인 아스카데라飛鳥寺에서도 발견된다. 이는 백제의 독창적인 기와 제작 기술이 신라와 일본 등지에 전파됐다는 역사적 증거다.

발굴된 기와 중에는 특정한 곳에 사용되는 특이한 모양새의 기와도 있다. 치미와 연목와, 부연와 등이 그렇다. 새의 꼬리를 연상시키는 치미는 지붕의 가장 윗부분인 용마루 좌우에 설치되는 장식용 특수기와로 지붕의 균형을 맞추는 역할도 한다. 한성기와 웅진기의 다른 유적에서 아직 확인된 바 없는, 공주 지역에서 최초로 발견된 유물이다. 처마를 구성하는 연목(서까래) 끝에 부착되는 장식 기와인 연목와는 현재까지 4종류가 발견되었다. 대통사에 쓰인 부연와는 연목와와 더불어 처마를 장식하는 특수기와로 정사각형에 귀신 얼굴이 조각된 희귀한 형태다. 이들 기와는 대통사의 건물을 화려하게 장식했다는 증거로 해석할 수 있다.

대통사터 발굴조사에서 통일신라시대에 제작된 수막새와 암·수키와, 그리고 고려시대에 제작된 글자를 기와에 무늬로 그려 넣은 명문와銘文瓦도 여럿 찾았다. 특히 고려시대 명문와의 등 면에는 대통사 혹은 대통지사라는 글자를 세로로 쓴 것도 있다. 이는 대통사가 고려시대까지 분명히 존재했고, 건물의 유지·보수가 활발하게 이루어졌다는 사실을 밝혀주는 단서다.

은은한 나한상의 미소

대통사터로 추정되는 지역에서는 기와나 토기 외에 흙으로 빚어서 구워 만든 소조상塑造像도 여러 점 수습되었다. 대부분 신체 일부로 얼굴과 팔뚝, 무릎 부위 등이 다양하게 출토됐다. 그중에서도 얼굴의 절반 정도가 남은 채로 발견된 나한상羅漢像이 단연 눈길을 끈다. 이 나한상은 눈을 지그시 감고 살짝 벌린 입에는 이가 드러나 있으며 만면에 은은한 미소를 띠고 있어서 아주 편안한 표정처럼 보인다. 이러한 점에서 향후 발굴을 통해 흙을 구워 만든 불상이나 보살상 등이 발견될 가능성도 높은 편이다.

한편, 대통사터 발굴조사에서는 백제시대의 질그릇 조각도

여러 점 출토되었다. 이는 대통사에서 수도하던 스님들이
사용했던 것으로 추정된다. 수습된 유물로는 다리가 세 개인
세발토기와 항아리, 병, 뚜껑 등이 있다.

　이처럼 백제 문화의 정수가 담긴 유물을 다양하게 발견할
수 있었던 것은 대통사터 위치를 찾고자 고고학계가 계속해서
노력했기 때문이다. 대통사터를 찾는 과정에서 중국 남조와
신라, 일본 등의 기와 양식과 유사한 부분을 찾아냄으로써

반죽동 기와무덤에서 출토된 유물 중 나한상의 모습. (ⓒ한얼문화유산연구원)

백제가 중국과 한반도, 일본을 이어주는 문화 가교 역할을
했다는 사실을 확인한 것도 성과로 남았다. 이렇게 계속
노력한다면 머지않아 대통사터의 흔적도 찾아낼 수 있을 것이다.

세계유산 백제역사유적지구

세계유산이란?

세계유산은 1972년 〈세계유산협약〉에 근거하여 유네스코 세계유산위원회가 인류 전체를 위해 보호되어야 할 '탁월한 보편적 가치 Outstanding Universal Value'가 있다고 인정하여 세계유산목록에 등재한 유산이다.

1950년대 이집트가 안정적인 전력 수급을 위해 나일강에 댐을 건설하기로 하면서 나일강 유역에 있는 고대 아부심벨 신전을 비롯한 누비아 유적이 물에 잠길 위험에 처했다. 이에 댐 건설을 추진한 이집트와 누비아 유적이 위치한 수단이 유네스코에 지원을 요청했고, 유네스코는 기금을 모금하여 아부심벨 신전과 필레 섬을 다른 곳으로 옮겨 보존하고, 누비아 유적의 유물을 보존·전시할 박물관을 건설했다. 이를 계기로 인류사에 중요한 유산을 보호할 체제가 필요하다는 인식이 확산되면서 1972년 유엔 총회에서 〈세계유산협약〉을 채택했다.

백제역사유적지구는 어떻게 세계유산이 되었나?

세계유산은 크게 문화유산과 자연유산, 복합유산으로 구분한다. 문화유산은 인류가 만들어낸 유형유산으로 유적지나 건조물, 기념물 등이 여기에 해당한다. 이와 반대로 자연유산은 자연이 만들어낸 탁월한 가치를 지닌 특정 구역, 지형적 생성물 등을 의미한다. 우리나라의 세계유산 중 '제주 화산섬과 용암동굴'은 자연유산에, '한국의 서원' '종묘' '석굴암과 불국사' 등은 문화유산에 해당한다. '백제역사 유적지구' 역시 문화유산이다.

백제역사유적지구는 공주시의 공산성, 송산리 고분군, 부여군의 관북리 유적과 부소산성, 정림사터, 능산리 고분군, 나성, 익산시의 왕궁리 유적, 미륵사터까지 총 8개로 구성된 연속 유산이다. 2015년 6월 28일부터 7월 5일까지 독일의 본에서 개최된 제39차 세계유산위원회에서 세계유산에 등재되었다. 1994년 무령왕릉이 세계유산 잠정 목록에 등재되면서 시작된 백제역사유적지구의 세계유산을 향한 노력이 21년 만에 그 결실을 맺은 것이다.

세계유산위원회는 6개의 등재 기준 중 적어도 1개 이상의 기준을 충족해야만 세계유산에 등재할 수 있다고 규정하고 있는데, 백제역사유적지구는 그중 (ⅱ)와 (ⅲ) 2개의 등재 기준을 충족했다.

◈ 세계유산목록 등재 기준

(i)	인간의 창의성으로 빚어진 걸작을 대표할 것
(ii)	오랜 세월에 걸쳐 또는 세계의 일정 문화권 내에서 건축이나 기술 발전, 기념물 제작, 도시계획이나 조경 디자인에 있어 인간 가치의 중요한 교환을 반영할 것
(iii)	현존하거나 이미 사라진 문화적 전통이나, 문명의 독보적 또는 적어도 특출한 증거일 것
(iv)	인류 역사에서 중요한 단계를 예증하는 건물의 유형, 건축이나 기술의 총체, 경관의 대표적인 사례일 것
(v)	특히 되돌릴 수 없는 변화의 영향으로 취약해졌을 때 환경과 인간의 상호작용이나 문화를 대변하는 전통적 정주지나 육지 또는 바다 이용의 탁월한 사례일 것
(vi)	탁월한 보편적 중요성이 있는 사건이나 살아 있는 전통, 사상이나 신앙, 예술, 그리고 문학작품과 직접 또는 유형적으로 연관될 것(이 기준은 다른 기준들과 함께 사용)

세계유산 백제역사유적지구

백제역사유적지구는 475~660년 백제 왕국의 역사를 보여주는 유산으로, 중국의 도시계획 원칙·건축 기술·예술·종교를 수용하여 백제화百濟化한 증거를 보여주며 이러한 발전을 통해 이룩한 세련된 백제의 문화를 일본 및 동아시아로 전파한 사실을 증언하는 유적으로 인정받았다.

(1) 공주 공산성

475년 백제 문주왕이 웅진(공주)으로 천도하여 538년 사비(부여)로 옮길 때까지 64년 동안 백제의 정치·경제·문화의 중심지였다. 공산성

(ⓒ조남존)

내에서는 백제에서 조선에 이르는 광범위한 시기의 다양한 유적이 확인되었는데, 그중 쌍수정 앞의 추정 왕궁터, 공북루 남쪽의 왕궁 관련 시설(관아 및 공방 터), 영은사 앞 백제 연못 등이 백제 때의 것으로 알려졌으며, 지금도 꾸준한 발굴을 통해 백제 때의 흔적이 계속 드러나고 있다. 이러한 유적들은 공산성이 웅진도읍기 백제의 왕성이었다는 사실을 알려준다.

(ⓒ국립공주박물관)

(2) 송산리 고분군

웅진도읍기 왕과 왕족의 무덤이 있던 곳이다. 이곳에는 백제 고유의 굴식돌방무덤과 중국 남조의 영향을 받은 벽돌무덤이 남아 있다. 1971년 도굴되지 않은 완전한 상태로 발굴된 무령왕릉은 벽돌무덤으로 내부에서 오수전이나 자기 등 중국 남조에서 직접 수입한 물건들과 중국 문화의 영향을 받아 백제가 만들어낸 석수와 청동거울, 청동다리미 등이 발견되어 백제와 중국 간 문화 교류의 증거물이 되었다. 백제는 일본에 큰 문화적 영향을 미쳤는데, 무령왕릉에서 발견된 청동다리미와 아주 유사한 모습을 한 다리미가 일본에서도 발견되어 중국-백제-일본으로 이어지는 '문화교류길'을 직접적으로 보여준다.

(3) 관북리 유적과 부소산성
관북리 유적은 사비도읍기 왕궁이 위치한 곳이다. 이곳에서는 대형 건물터와 연못, 도로 유적과 배수 시설이 조사되었다. 북쪽에 자리한 부소산성은 평상시에는 후원이었으나, 위기 상황에는 피난성의 역할을 했다.

(©충청남도역사문화연구원)

(4) 정림사터
사비도읍기 대표적인 사찰터다. 중문-탑-금당-강당이 남북 일직선상에 배치되어 있다. 이러한 가람배치는 일본 사찰의 원류가 되었다. 5층석탑은 빼어난 백제의 석조 기술을 잘 보여주

(©문화재청)

는데, 배흘림기법의 기둥 표현, 얇고 넓은 지붕돌의 형태 등 목조건물의 형식을 충실히 이행하면서도 세련되고 단아한 자태를 지닌다.

(5) 능산리 고분군

(ⓒ문화재청)

사비도읍기 왕과 왕족의 무덤이 있던 곳이다. 이곳의 굴식 돌방무덤은 이전보다 한층 발전된 단면 육각형의 구조로 매우 안정적이고 균형이 잡혀 있다. 네 벽에 사신도를 그리거나, 천장에 연꽃무늬를 그려 넣은 무덤이 남아 있다. 근처 능산리 절터에서 금동대향로와 석조 사리감이 발견되어 백제 왕실의 묘역임이 입증되었다.

(6) 나성

(ⓒ문화재청)

사비의 도성을 둘러싸고 있는 외곽성이다. 도성의 안과 밖을 구분하고 방어 기능까지 수행했다. 부여의 서쪽과 남쪽은 금강과 그 자연제방이 천혜의 방어 시설로 기능했으나, 동쪽과 북쪽은 산지 사이로 평지가 분포하여 인공적인 시설물이 필요했다. 나성은 부소산성에서 시작해서 도시의 북쪽과 동쪽을 보호하고 있으며, 현재 남아 있는 고대 동아시아 나성 가운데 당시 모습을 가장 완벽하게 보여준다.

(7) 왕궁리 유적

왕궁리 유적은 중국의 도성제를 받아들여 전반부에는 전각 건물을, 후반부에는 후원을 조성했다. 이를 '전조후원형' 궁궐이라 한다. 왕궁리 유적은 30년이 넘는 고고학 조사를 통해 정전으로 추정되는 대형 건물터와 동서 석축, 부속 건물터 등 왕궁 관련 시설과 금과 유리를 생산하는 공방 시설이 발견되었다. 또한 왕궁 북측 부분에서 곡수로와 배수로, 정자, 기암괴석과 장대석 등 자연경관을 축소한 형태의 정원 구조를 발견했다. 익산 왕궁의 모습은 당시 동아시아의 전조후원형 궁궐의 모습을 가장 잘 보여준다.

(ⓒ충청남도역사문화연구원)

(ⓒ충청남도역사문화연구원)

(8) 미륵사터

미륵사터는 백제 무왕 대에 조영된 동아시아 최대 규모의 사찰이다. 《삼국사기》에 전해지는 창건 설화에 언급된 3탑-3금당의 가람 배치가 발굴조사를 통해 사실로 확인되었다. 미륵불이 내려와 세 번의 설법을 통해 중생을 구제한다는 경전의 내용에 따라 사찰을 구성한 것이다. 석탑 내에서 발견된 〈사리봉영기〉에서 탑을 639년에 건립했다고 밝혀놓았다. 이로써 탑과 사찰이 무왕 대에 창건되었다는 역사 기록을 증명했다. 최근 복원되어 모습을 드러낸 석탑은 목조탑의 모습을 가장 잘 간직하고 있으며, 국내 최대이자 가장 오래된 석탑이다.

백제 역사 연표

연도	왕	내용
B.C. 18	온조 1	백제 건국
B.C. 5	온조 14	하남 위례성으로 수도를 옮김
260	고이왕 27	6좌평과 16품 관등제를 설치하고 품계에 따라 관복을 정함 (관복과 관등제 정비)
371	근초고왕 26	왕이 태자와 함께 평양성을 공격하여 승리함. 고구려 고국원왕이 전투 중 사망
372	근초고왕 27	왕이 왜국에 칠지도를 보냄
375	근초고왕 30	박사 고흥이 《서기》 편찬
384	침류왕 1	동진의 승려 마라난타가 백제에 불교를 전해줌
385	침류왕 2	왕이 한산에 사찰을 세우고 승려 10명을 출가시킴
392	아신왕 1	고구려 광개토왕의 공격으로 한수 이북의 많은 성을 상실
397	아신왕 6	왜와 국교를 맺고 태자 전지를 보냄
434	비유왕 8	고구려의 남하에 대비하여 신라와 동맹을 맺음
457	개로왕 3	송에 사신을 보내어 관작을 요청

472	개로왕 18	북위에 사신을 보내어 고구려 공격을 요청
475	개로왕 21, 문주왕 1	고구려가 한성을 공격하여 개로왕이 죽고 문주왕이 즉위 웅진으로 수도를 옮김
476	문주왕 2	대두산성을 수리하고 한강 이북의 민호를 이주시킴
479	동성왕 1	동성왕 즉위
493	동성왕 15	신라와 결혼동맹을 맺음
498	동성왕 20	탐라 복속
501	무령왕 1	동성왕을 죽인 백가의 반란을 진압
510	무령왕 10	제방을 축조하고 유민을 정착시킴
513	무령왕 13	오경박사 단양이를 왜에 파견
521	무령왕 21	양에 사신을 파견하여 다시 강국이 되었음을(更爲强國, 갱위강국) 표방. 이에 양이 무령왕을 사지절백제제군사영동대장군으로 책봉
527	성왕 5	대통사 건립
538	성왕 16	사비로 수도를 옮기고 국호를 남부여로 고침
541	성왕 19	양에서 불교 경전, 기술자 등을 보내옴

548	성왕 26	고구려의 독산성 공격 격퇴
551	성왕 29	신라와 함께 고구려를 공격하여 한강 하류의 일부 지역을 회복
552	성왕 30	왜에 불상과 경전을 보내어 불교를 전함
554	성왕 32, 위덕왕 1	관산성 전투에서 성왕이 전사하고 뒤를 이어 위덕왕이 즉위
567	위덕왕 14	능산리 사원 조영
572	위덕왕 19	북제에 사신을 파견
577	위덕왕 24	왕흥사를 건립하고, 왕이 사리를 매납
602	무왕 3	승려 관륵이 왜에 천문, 지리, 역서 등을 전함 신라, 아막산성을 공격함
611	무왕 12	수에 사신을 파견, 신라 가잠성 공격하여 함락시킴
621	무왕 22	당에 사신을 보내 과하마를 바침
626	무왕 27	당에 사신을 보내 명광개를 바침
630	무왕 31	사비의 궁전을 중수
634	무왕 35	왕흥사 준공
639	무왕 40	미륵사 서탑 건립

642	의자왕 2	신라 대야성 공격하여 함락시키고 성주 품석을 죽임
644	의자왕 4	당에 사신을 파견하고 융을 태자로 책봉
653	의자왕 13	왜와 우호 관계를 맺음
657	의자왕 17	왕이 서자 41명을 좌평으로 임명
660	의자왕 20	신라·당 연합군이 백제를 공격, 이에 의자왕이 항복 이후 복신과 도침이 이끄는 백제부흥군이 흥기
663		백강구 전투에서 백제·왜 연합군이 신라·당 연합군에 패배 임존성 함락

참고자료

● 사료

《三國史記》

《三國遺事》

● 논문

노중국, 2019, 〈백제 성왕과 대통사, 대통사지의 역사적 의미〉, 《백제문화》60, 공주대학교 백제문화연구소

성춘택, 2015, 〈석장리유적 발굴과 구석기 고고학의 과제와 전망〉, 《한국구석기학보》31, 한국구석기학회

이융조, 2014, 〈구석기와 함께 한 50년 석장리에서 만수리까지의 궤적〉, 《현상과인식》38(4), 한국인문사회과학회

이훈, 2003, 〈公州 水村里遺蹟〉, 《백제문화》32, 공주대학교 백제문화연구소

이훈, 2004, 〈묘제를 통해 본 수촌리 유적의 연대와 성격〉, 《백제문화》33, 공주대학교 백제문화연구소

이훈, 2019, 〈수촌리 고분군 발굴조사 현황과 과제〉

이훈·강종원, 2001, 〈公州 長善里 土室遺蹟에 대한 試論〉, 《한국상고사학보》34, 한국상고사학회

● 보고서

공주시·공주대학교박물관, 2013, 《웅진성 공산성》, 공주대학교박물관

국립공주박물관, 2019, 《무령왕릉 신보고서 I》

국립공주박물관, 2017,《송산리고분군 수습 유물 재보고서》

국립공주박물관·㈜현대건설, 1999,《백제의 제사유적 정지산》

국립중앙박물관, 2015,《유리건판으로 보는 백제의 고분》

국립중앙박물관문화공보부 문화재관리국, 1974,《무령왕릉(발굴조사보고서)》,
동화출판사

안승주·이남석, 1992,《公山城 建物址》, 공주대학교박물관

충남발전연구원·천안논산고속도로㈜, 2003,《공주 장선리 토실유적》,
충남발전연구원

● 단행본

고려대학교 한국사연구소, 2019,《한국 문화유산 산책》, 새문사

공주시·충청남도역사문화연구원, 2007,《공주 수촌리유적》,
충청남도역사문화연구원

공주시·충청남도역사문화연구원, 2019,《백제 어디까지 가봤니?: 백제왕도
핵심유적 가이드》, 충청남도역사문화연구원

공주시지 집필위원회, 2002,《공주시지》, 공주시지 편찬위원회

공주시지 집필위원회, 2002,《공주의 자랑: 공주시지 별책》, 공주시지
편찬위원회

권오영, 2005,《고대 동아시아 문명 교류사의 빛 무령왕릉》, 돌베개

김정섭, 2019,《인물로 본 공주역사 이야기》, 메디치미디어

김철주, 2013,《사적의 보존관리와 정비의 이해》, ㈜눌와

김원룡, 1978,《노학생의 향수》, 열화당

문화재청, 2019,《공유하고 감상하는 백제, 공감백제》, 문화재청
백제왕도핵심유적보존관리사업추진단

문화재청, 2019,《동아시아 문화의 정수, 백제왕도》, 문화재청
백제왕도핵심유적보존관리사업추진단

문화재청, 2020,《흙 속에서 찾은 역사, 무령왕릉》, 문화재청
백제왕도핵심유적보존관리사업추진단

박광일, 2016,《우리 아이 첫 백제여행》, 삼성당

서정석, 2019,《輕部慈恩의 공주 송산리고분 이야기》, 공주대학교 공주학연구원

엄기표, 2004,《정말 거기에 백제가 있었을까》, 고래실

윤용혁, 2013,《고지도로 보는 공산성》, 국립공주박물관

이건무 외, 2009,《천 번의 붓질, 한 번의 입맞춤》, 진인진

전재경, 2000,《문화유산법제 개선방안 연구》, 한국법제연구원

조소현, 2017,《가자!! 웅진 백제》, 도서출판 핵교

충청남도역사문화연구원, 2014,《유적과 유물로 보는 한권백제》, 청오인쇄사

충청남도역사문화연구원, 2013,《한 권 백제: 이야기로 만나는 백제 역사 문화
기행》, 로도스출판사

최복규 · 백홍기, 국사편찬위원회, 2003,《한국사 2: 구석기, 신석기 문화》, 탐구당

● 기타

〈고고학사전〉, 국립문화재연구소, 문화유산지식연구포털 https://
portal.nrich.go.kr/kor/index.do

〈국가문화유산포털〉, 문화재청 http://www.heritage.go.kr/

〈디지털공주문화대전〉, 한국학중앙연구원 http://gongju.grandculture.net/
gongju

〈문화원형백과〉, 한국콘텐츠진흥원 https://www.culturecontent.com/

〈승정원일기〉, 국사편찬위원회 http://sjw.history.go.kr/

〈조선왕조실록〉, 국사편찬위원회 http://sillok.history.go.kr/

〈한국고전종합DB〉, 한국고전번역원 https://db.itkc.or.kr/

〈한국민족문화대백과〉, 한국학중앙연구원 http://encykorea.aks.ac.kr/

〈한국향토문화전자대전〉, 한국학중앙연구원 http://www.grandculture.net/

석장리박물관 홈페이지, http://www.gongju.go.kr/sjnmuseum/
〈한국사데이터베이스〉, 국사편찬위원회 http://db.history.go.kr/

역사의 보물창고
백제왕도 공주

웅진백제 발굴 이야기

충청남도역사문화연구원 엮음

초판 1쇄 2021년 4월 30일 발행

ISBN 979-11-5706-850-0 (04910)

　　　979-11-5706-849-4 (세트)

만든사람들

기획편집　　김장환

책임편집　　진용주

편집도움　　오현미

디자인　　　이준한

마케팅　　　김성현 최재희 김규리

인쇄　　　　한영문화사

펴낸이　　김현종
펴낸곳　　(주)메디치미디어
경영지원　전선정 김유라
등록일　　2008년 8월 20일 제300-2008-76호
주소　　　서울시 종로구 사직로 9길 22 2층
전화　　　02-735-3308
팩스　　　02-735-3309
이메일　　medici@medicimedia.co.kr
페이스북　facebook.com/medicimedia
인스타그램 @medicimedia
홈페이지　www.medicimedia.co.kr